共感と練習

柏書房

共感と

練習

柏書房

距離感の

小沼理
Onuma Osamu

共感と距離感の練習

目次

・本書には性的な描写、性的マイノリティに対する差別的な言動への言及、自死に関する記述が含まれます。ご自身の体調と相談しながら読み進めてください。
・読者の便宜をはかり、引用文中にも適宜ルビを振った箇所があります。参考文献や註は各話の末尾にまとめました。

はじめに――わからないけどわかるよ

「わかるかも」が、口癖だった時期があった。友人の話を聞きながら、映画の感想を話しながら、ニュースを見ながら、最初に口をついて出るのがこの言葉だった。

口癖は友人に指摘されてから、気恥ずかしくなってやめた。だけど言わなくなっただけで、今でもよくそう思っている。

今も昔も、口喧嘩をするのが苦手だ。相手の言い分が「わかる」気がしてしまって、素早く言い返せないから。ある時から、なるべくSNSを見ないようにしている。文章に託されている無数の大きな感情に流されてしまうから。

誰かのことを「わかる」と思うのは不思議だ。痛みや悲しみが、自分の中へ流れ込んでくるように感じる。私が体験したわけではないのに、まるで自分のことのように思えて、楽しそうなら私も楽しくなるし、つらそうなら同じようにつらくなる。混ざり合ってしまって、境界線があいまいになる。混乱しながら、ほんの少しだけ、神秘や魔法のようだと思う。

よく振ったボトルの中で、水と油が混ざり合い乳化するのを思い浮かべる。攪拌《かくはん》されてきらきらと輝いて、きれいに見える。だけど言葉を交わしたり考えたりしているうちに、少しずつまた分離していく。あなたはあなたでしかなく、私は私でしかないことを思い出す。お互いがはっきりとした輪郭と異なる質感を備えていて、混ざり合ってなどいない。錯覚みたいなものだ。「わかるかも」は、「共感」は、神秘でも魔法でもないのだった。

「共感が大切」とよく言われる。「共感は危ない」とも聞く。

この能力を使えば、他者の痛みに素早く寄り添うことができる。細部が違っていても、似ているところを見つけて親しみを覚えることができる。他者の経験を想像して、その人が訴えている問題を一緒に解決しようとする原動力にもなる。

一方で、自分の経験や感じ方をもとにした共感は、理解しやすいようにものごとを歪めたり、相手にとって大切なことを見落としたりすることがある。相手との立場や経験が異なるほど、見落としや歪みが増えていく。立場や経験を共有しているほど、小さな誤解が大きな違和感になることもある。安易な共感は、される側にとっては暴力的にもなる。

自分自身と照らし合わせてもそう思う。例えば、ゲイ男性である私がその経験について話した時。相手にもよるけれど、あまり安易に「わかるかも」と言われたら、「本当に？」と警戒してしまうだろう。話を打ち切られなかったことに少し安心しながら、どこまでちゃんと伝わっているのか確かめようとする。軽んじられることも、大げさに受け取られることも、別の何かを投影されることもないように、説明を付け足したり、相手のこれまでの経験を聞ける範囲で尋ねたり、感覚的なことを言って反応を見たり、その反応を受けて訂正したりしてみる。

それでも自分にとって重要なことが共有されなかったり、歪みが修正される兆しがなかったり、とにかくあまり伝わっていないと感じたら、私はなるべく穏便に話を切り上げようとするだろう。

それで、やっぱり共感なんかいらないとうんざりする。こんな不具合だらけの能力、と思う。誰かを理解しようとする行為にはやさしさが含まれていると思っているし、その気持ちも「わかる」。だから、ちょっと申し訳なくもなる。差し出した手をこんなふうに振り払われて、「相手をわかろうとする努力を怠っている」と怒る人もいるかもしれない。でも、隅に追いやられている人や、社会に想定されていない人こそ、日常的にその努力をたくさんさせられてきた、とも思う。

そうやって隅に追いやられている立場から中心にいる人たちに苛立つ時、その矛先は翻って私自身にも向けられる。私も男性として、シスジェンダーとして、病気や障害がない者として、都市生活者として、日本で暮らしていることに疑いの目を向けられない者として、日本国籍を持つ者として、植民地支配の歴史の延長線上を生きる者として、無自覚に誰かをうんざりさせているからだ。

「痛い」と声を上げた人を見て、反射的に私の胸が痛む。この痛みは一体なんだろう？話を聞いて想像したその人の痛み、その痛みを想像するために参照した私の過去の痛み、かつて自分が同じように誰かを傷つけたことを思い出した痛み、かつて傷つけたその誰かの痛みを想像して生じた痛み……よく見てみれば色々な痛みが混ざっているはずで、全然わかってなどいない。だけど話を聞いているその瞬間は、「わかるかも」と思っている。

私は人よりも混ざり合った世界を漂っている時間が長いのかもしれない。乳化した世界を揺蕩《たゆた》い、はっとしてまた分離しようとする。境界線を、自分の立場を確認する。それを繰り返している。

本当は「わからない」からはじめるべきなのかもしれない。安易に共感するよりも、その方が安全だと思う。でも、スイッチのように共感を切ることはうまくできないのだった。私にとって、共感は「する」のではなく、「してしまう」ものだから。それは勝手に動いたり、動いてほしい時に微動だにしなかったりする。不具合だらけだ。それで無理やりスイッチを切ろうとすると、今度は誰も傷つけないけれどわかりあうこともないような距離感になってしまう。実際、暴力的になるよりはいいと思って距離をとりすぎてしまって、親しくなる機会を逃すことがよくある。

共感も距離感もうまく使いこなせない。だからこそこだわってしまうのだろう。なんとか組み合わせて、練習しながら上手になっていきたい。混ざり合った世界と分離した世界を同時に生きるように。言葉にならないものと言葉を重ねて一つにするように。

*

初対面の人たちが、会話の弾みで少し込み入った話をする場に居合わせたことがある。そこでは、相手の発言に同意する時にも「ちゃんとわかっていないかもしれないけど……」と前置きしたり、話し声のニュアンスを調整したりするコミュニケーションが交わされていた。そうやって、同じところと違うところを確かめながら、暴力的になる可能性を減らすための距離を測っていた。共感の危うさを知りながら、どこまでいっても「わかる」ことなんてないと思いながら、それでも何かを伝えて心を近づけようとしていた。

その姿を見て、あの頃口癖のように言っていた、そして言わないだけでいつも思っている「わかるかも」の意味に、ふと気づいた。それは「わかるかもしれないし、わからないかもしれない」では、なかった。どちらかだけではないのだ。「わかるところもあるし、わからないところもある」というのとも、少し違う。思っていたのは、矛盾しながら、それでもその二重性を細いピンで留めるような言葉だった。

「わからないけどわかるよ」。中途半端で、どっちつかずの言葉だと思う。でも、いつもそう思っている。「わかる」とは言えない。「わからない」とは言いたくない。その「あわい」を、中途半端を生きている。

いつも自分のことを中途半端だと感じている。わかるともわからないとも、イエスともノーとも言い切れない。ああでもないこうでもないと明確な結論を出せずに、ぐるぐると考え続けている。

だけどそれならせめて、ちゃんと中途半端でいたいと思う。答えを急がず、単純化せず、抱え続けていたいと思う。そのために、自分に問いかける。「考え続けている」という顔で思考を放棄していないか。たまには羽を休めてもいいけれど、そればかりになっていないか。多くの人が積み重ねてきた蓄積があり、どんな立場を取るべきか明白なものに対して「それぞれの正義」などと安易に相対化していないか。時間をかけて考えた言葉に固執して、別の重要な言葉を見過ごしていないか。揺らいでいるか。無防備でいるか。

穏やかに見えていたあわいがうねりだす。不完全な力のせいで、どの波もきらきらと輝いて見える。不完全な力のせいで、どの波にも乗り出せない。

居心地が悪い。でもこれはきっと、引き受ける価値のある居心地の悪さだ。

重なりと異なり

最初の記憶は、家族で海を見に行った日のこと。二歳か三歳だった。私は海辺でまどろんでいて、眠りからだんだん意識が戻ってくる。目を閉じているのに眩しくて、遠くで波の音が聞こえていた。

ゆっくり目を開く。深緑の海と真っ青な空が広がっていた。海も空もあまりに色が濃くて、日差しが強いのに暗く見える。だけど同時に、色褪せたような印象もある。大人になって見返した古いアルバムの色調が、記憶を侵食しているせいかもしれない。

幼い頃の記憶は断片的で、当時のことでちゃんと覚えているのはあと二つか三つくらいしかない。思い出せない無数の時間は、どこへ行ってしまったのだろう。不思議に思うけれど、そこまで興味があるわけでもない。多くのことを忘れながら生きていると、覚えていることが象徴性を帯びてくる。本当の最初に体験したことより、思い出せることのほうが存在感を持ちはじめる。その暫定的な「はじまりの記憶」のほうが、自分にとっては重要に思えてくる。

私の「はじまりの読書」は十二歳の時だった。それまでの読書は記憶のどこにも紐づけられていないのに、その一冊は手にとった時から読んだ時のことまで、妙にはっきりと覚えている。


休日に家族で出かけると、父はよく本を買ってくれた。当時住んでいたのは小田急線沿いのニュータウンで、駅前を中心として開発された街には三つの商業ビルが林立していた。ビルに併設された立体駐車場のどこかにいつも車を停めていたけれど、週末はどこも混み合っているので、用のあるビルの駐車場に入れないこともある。そんな日は、父は帰りがけに「何かほしい本はないか」と聞くのだった。

それは「二時間まで無料になる駐車券をもらいたいから、何でもいいから買ってくれ」という意味だったらしい。でも、当時はそのことと本を買ってもらえることがうまくつながっていなかったし、そう聞かれない日でも、気になる本があると言えば結局父は買ってくれた。ただ、マンガは嫌な顔をされるから小説を選ぶようにしていた。

その日も書店の棚を眺めていると、新刊の平台に並べられたある本が目に留まった。真っ黒なカバーには、銀の箔押しでタイトルと著者名が刻印されている。吉田修一、『春、バーニーズで』。手にとって、適当に指を入れてぱらぱらとめくる。短編集のようで、ページの合間には写真が挿入されている。小説ということはわかるものの、鈍い銀色の帯にあらすじが書かれているわけでもなく、それ以上のことがわからない。どんな内容かはちゃんと掴めてはいないけれど、タイトルの響きと、他の本とは異なる大人っぽい雰囲気に興味を引かれた。今日はこれを買ってもらおうと思った。

有隣堂の緑色のビニール袋を提げて書店を出て、家族で立体駐車場へ。季節は冬で、空気がひんやりして気持ちよかった。父の運転する車が、立体駐車場の螺旋スロープをゆっくりと下っていく。ぐるぐる回転しながら視点が地上に近づいていくのを、後部座席から眺めているのが好きだった。

帰るとさっそく読みはじめる。最初のページで、「バーニーズ」が新宿にある百貨店、バーニーズ・ニューヨークのことだとわかる。主人公の筒井は、妻と息子とともに入園式用のスーツを買うため新宿のバーニーズを訪れていた。そこで、花柄のシャツ、指には大きなエメラルドの指輪をした「その人」を見かける。連れている垢抜けない青年に次々とシルクのシャツをあてがい、「中年男の風体で女言葉を話している」その人と、筒井は十年近く前、一緒に暮らしていたことがあった。その人の大げさな言動に笑う妻をはぐらかしながら、筒井は声をかけるタイミングをうかがう。懐かしい記憶を次々に思い出す。

自分と似た人が登場する小説を読んだのは、これがはじめてだった。テレビのバラエティ番組やアニメで見かけたことはあったものの、いつも道化のように描かれていた。いや、「その人」も道化めいているのだけど、何かが違っていた。笑わせるためだけに存在しているのではない感じがした。いつもの書店で、数ある本の中からたまたま手を伸ばした一冊にそれが書かれていたことに、動揺しながら読み進めていく。

妻の目を盗んでその人と短く言葉を交わしたあと、筒井は家族とともに自宅のある聖蹟桜ヶ丘に帰る。立ち寄ったスポーツクラブのサウナで汗を流したあと、筒井は丁寧にからだを洗いながら、ふいにその人の愛撫を思い出す。

ある時から、マンガやアニメに描かれる男同士の友情を勝手に読み替えるようになっていた。正確さは二の次で、何かに突き動かされるようにそうしていた。だけど『春、バーニーズで』にはそうとしか読めないかたちで、男たちの関係が書かれていた。

この頃の私は、人を好きになるというのがどういうことかよくわかっていなかった。ただ性的な欲望が男性に向かうことだけは自覚していて、それが自分がそうらしいと、自分に理解させていた。今は結婚しているけれど、かつては「その人」と一緒に暮らし、性的な関係を持っていた筒井。何に対してかはわからないけれど、うらやましいと思った。同時に、筒井が現在は淡々と暮らしていることに、色気のようなものを感じ取っていた。

吉田修一はデビュー作『最後の息子』でも、「その人」のことを描いているらしい。何かで知って、この小説もすぐに読んだ。「その人」は「閻魔《えんま》ちゃん」という名前で登場していて、物語は閻魔ちゃんと暮らす若い男の「ぼく」の視点で進む。「ぼく」はかつての筒井や、バーニーズでシルクのシャツをあてがわれていた青年のような男のうちの一人だ。傷つかないように一定の距離を保ちながら、強烈な渇きを持て余している「ぼく」は、筒井や閻魔ちゃんよりもさらに身近に思えた。

二作の舞台が新宿だったことも大きかった。私が暮らしていた小田急線の、上り電車の終点が新宿駅だったのだ。十二歳の子どもがその街へ行く機会はない。だけど衝動的に、例えば家族と出かけた日曜日にふらっと電車に乗り込んでしまうことは可能で、その「接点はないけど、勇気を出せばたどり着ける」距離が、筒井や閻魔ちゃんや「ぼく」と自分がつながっているように感じさせた。そして、筒井や閻魔ちゃんのような人と出会ったり、自分がなったりする未来を時々夢想した。

新宿のイソップを訪れていた。イソップはスキンケア用品を扱うオーストラリアのブランドだが、この日店内にハンドソープやボディクリームは一つも置かれていない。代わりに棚を埋め尽くしているのは、本だった。それも、クィアにまつわる本。このブランドが全世界で実施しているイソップ・クィア・ライブラリーというイベントで、二〇二二年の秋に日本でもはじめて開催された。私は三十歳になっていて、ライターとしてメディアで文章を書いたり、自分でZINEを作ったりしていた。はじめての単著の出版を準備している時だった。

入り口横には腰ほどの高さの銀色の台があって、その上に文庫本が並べられていた。吉田修一のあの二冊もあった。『春、バーニーズで』は、私がかつて読んだ真っ黒な単行本ではなかったけれど、懐かしく感じて手に取る。ここから歩いて数分のところにあった「バーニーズ・ニューヨーク」は、去年営業を終了して、今はもうない。

壁面の棚を埋め尽くす本を、多くの人で賑わう店内を見渡す。一冊一冊が秘めている力を想像する。クィアの物語に触れられる機会の貴重さを思う。その読書が、はじめて鏡で自分の顔を見るような体験になるかもしれない。イベントはその後いくつかの問題点が指摘されていたから、改善を期待しつつ、また開催してほしいと思う。

クィア・ライブラリーには、李琴峰《りことみ》『ポラリスが降り注ぐ夜』も並んでいた。新宿二丁目にあるバー「ポラリス」を中心とした、レズビアン、トランスジェンダー、アロマンティック／アセクシュアル、バイセクシュアル、パンセクシュアルなど、さまざまなセクシュアリティやジェンダーの人物が織りなす群像劇。

自分が男に恋愛感情を抱くことは恐らくないだろうと怡君《イージュン》は考えているが、かといって男と女の境界線を描けと言われたら、どこにその線を引けばいいか怡君にもよく分からない。境界線が描けないところに無理やりその線を入れるという行為は、必ず誰かを引き裂く結果になるので、怡君にはそれがどうしても暴力的に思われた。

（「太陽花《ひまわり》たちの旅」）

「カテゴライズされることで自分自身の存在に対する安心感が得られるのなら、してもいいんじゃないかな？　だって、言葉がないのはあまりにも心細いんだもの」

（「蝶々や鳥になれるわけでも」）

『ポラリスが降り注ぐ夜』の登場人物たちは、自らを規定するカテゴリーの周縁をさまよっている。帰属できそうな言葉に安心しながら息苦しさを覚え、違うと感じると後ろ髪を引かれながらもそこを出ていく。

その感じ方は、レズビアン、トランスジェンダー、アセクシュアルといった、それぞれの立場における迷いを経て摑み取られたものだ。この小説には、シスジェンダー男性のゲイの特権性が照射されるような描写もある。ＬＧＢＴＱ＋やクィアという言葉で共有できるものと、できないものがある。物語の言葉に、ただ無邪気に自分を重ねるわけにはいかない。それでも読んでいると、カテゴライズをめぐる葛藤に刺激されて、気づくと自分のことを省みている。

同じゲイってだけで職業や年齢がまったく違ってもつながれるから、いいよね。

知り合いに連れられて行った二丁目のバーのカウンターで、空いた大皿が並ぶホームパーティのソファで、リラックスした表情を浮かべた誰かがそう語っていた。さまざまなシーンで違う人が同じことを言っていたけれど、どの人の顔もおぼろげで、だけどみんな髪が短くて髭を生やしていた気がする。

ある種の親密さの中で語られたその言葉が、私にはとても甘く響いた。「同じであること」への欲望と、自分のセクシュアリティには関連性がある気がしていた。だからそう言われると、強い香りを嗅いだ時みたいにそれ以外のことが遠のいた。だけど一瞬遅れて、理性が立ち上がる。その言葉はなにか違うと思った。引き寄せられながら反発したくなった。深く沈み込んでしまうソファで、腹筋に力を入れて体を預けすぎないようにするみたいに。

属性が同じだからといって、そんなふうにはつながれないいんじゃないか。それに属性でつながることは、それ以外との間に線を引くことにもなる。「同じゲイってだけで……」の言葉は、一体どこからどこまでを「同じ」だと定義していたのだろう。

最初からはっきりとそんなふうに考えていたわけではなかったと思う。だけど、次第に

「同じゲイってだけで……」という言葉が、「無自覚の線引き」に支えられていることに気づいて、嫌になっていった。そう口にする人と出会うと、雑だな、とちょっと距離を取るようになった。

先日、六十代と七十代の人たちに話を聞く機会があった。それぞれの半生、ゲイコミュニティで見てきた人たち、結婚の重圧、男性社会の息苦しさ。今以上に抑圧のある時代のことを、ただ悲観的にではなく、生きてきたからこその喜びを交えて語っていただいた。

一通り話し終えたあと、現在は一人で暮らしているAさん（短髪だけど髭はなかった）が、いざという時はコミュニティの友人に助けてもらえる今の環境のありがたさを口にした。そして、「ゲイというだけで……」と、笑いながら言った。

別の話題に移ったあともその言葉が、というよりもそれを言った時のAさんの表情や声色が印象に残っていた。頭の片隅で考えるうちに、ふと思う。もしかするとこの言葉は、ずっと言われ続けてきた言葉なのだろうか。「ゲイというだけで」社会から阻害されてきた過去がある。その時代を生き抜き、せめてコミュニティの中では自分たちを祝福するために、誰かから誰かへと自然に手渡されてきた言葉だったのだろうか。

そう考えると、簡単に切り捨ててしまうことはできないと思った。あの髪の短い髭を生やした男たちのことを思い返す。かれらにも必ずそれぞれの生活があり、その言葉を求めたくなる何かがあったのかもしれない。自分の違和感に気を取られて、その時の表情や声を思い出すことができない私には、かれらの生活をきちんと想像することももはやできない。雑だったのは私のほうかもしれなかった。

「同じゲイってだけで……」という言葉が、これからも使われ続けるのかはわからない。でも、どんな場合でも、その言葉の背景を軽んじたくないと思った。

これまで何度か引っ越しをして、今は日付を超えるまで新宿にいても終電で帰れる場所に住んでいる。はじまりの読書から二十年の間に、増え続けた本を何度もまとめて売った。でも、『春、バーニーズで』は今も手元にある。

久しぶりに、本棚から抜き出してみる。改めて読み返すと、今の私は筒井とも、その人＝閻魔ちゃんともまったく違っていた。「ゲイってだけで……」なんて言葉で私とかれらを重ねることはできそうになかった。きっと二人とも「ゲイ」とカテゴライズされるのを、それぞれの理由で拒むのではないか。筒井はただ閻魔ちゃんと一時期関係があっただけと言うかもしれないし、閻魔ちゃんは別の言葉のほうがしっくりくるとか、カテゴライズそのものが窮屈だとか言うのかもしれない。
性格や考え方も全然違いそうで、新宿のどこかで二人に会ったとして、仲良くなれるかどうか。こういう未来があるかもと夢想していたことに関しては、もはや苦笑してしまう。だけどかれらのゲイネスが、あの時の自分を受け止めてくれたことはたしかだ。仲良くなれる気がしなくても、ただそれで充分だった。

参考
●吉田修一『春、バーニーズで』文藝春秋、二〇〇四年
●吉田修一『最後の息子』文藝春秋、二〇〇二年
●李琴峰『ポラリスが降り注ぐ夜』筑摩書房、二〇二〇年

別の複数の色

ディスプレイに表示されている、色分けされた世界地図を眺めていた。青色と水色の寒色系で塗られているのは、同性間の婚姻を認めているか、婚姻とほぼ同等の代替制度がある国。暖色系で塗られているのは、同性愛を犯罪化・迫害している国。黄色は法による制限、オレンジは禁固刑、赤は終身刑を含む重い禁固刑。そして、茶色は死刑。

どちらでもない国は薄いグレーで塗られている。白っぽい海に囲まれた灰色の列島は、身を潜めているように目立たない。しかし地図を公開している認定NPO法人虹色ダイバーシティは、概要のテキストに「日本は、同性間の関係は犯罪ではありませんが、包括的な差別禁止法はなく、同性間では婚姻もできない国であり、国連人権理事会などから人権侵害であると指摘を受けている状況です」とはっきり記している。

ブラウザのタブを切り替える。表示されているのは、比較ジェンダー史研究会による世界各国の同性愛行為と同性婚の法的地位の変遷を時系列順にまとめた年表で、フランスで同性愛行為を違法とする法令が制定された一二七〇年頃からはじまっている。世界史をろくに勉強してこなかったせいで、当時のフランスが一体どんな社会だったのか、おぼろげにしか想像できない。

すぐ下には、一五三二年のドイツのことが書いてある。同性愛行為は獣姦と並んで火刑とされたそうだ。この頃のドイツのことはやはりよく知らないけれど、映画かなにかで見た火刑の映像を思い浮かべる。男が太い木の柱に縄で括られている。足元の炎から立ち上る黒煙が男の姿を隠していて、顔が見えない。遠いな、と思う。本当に？　さっき見た世界地図では、十二の国が茶色く塗られていた。そして青や水色の国でも差別がなくなったわけではなく、クィアに対する様々なヘイトクライムが起こっている。

年表に記されたできごとは「同性愛の犯罪化」、「同性愛の非犯罪化／合法化」、「同性婚関連」の三つに分類されていた。スクロールしてみると、大まかにみて最初にいくつかの国で犯罪化があったあと、非犯罪化する国が増え、十九世紀半ばに再び犯罪化、そして第二次世界大戦後に非犯罪化／合法化という流れをたどっているのがわかる。複数の国が十九世紀半ばに同時期に犯罪化しているのは、イギリスがアジアやアフリカ、オセアニアなどの植民地に自国と同様の同性愛を規制する政策を適用したためだ。そしてそのイギリスは一九六七年にはこれを廃止して、元植民地の国に生きるクィアたちは現在もこの「負の遺産」に苦しめられている。世界各地にもともとあったクィアな文化も、植民地時代にタブー視されるようになった。

同性婚に関する記述がはじめて登場するのは一九八九年で、デンマークで世界初のドメスティック・パートナーシップ制度が導入される。そして、二〇〇〇年にオランダで同性婚法が成立し、翌年に世界ではじめて施行される。その波は少しずつ、しかし着実に広がっていくことになった。

二〇一九年には、台湾がアジアではじめて同性婚の法制化を果たした。タブを再び世界地図へと切り替えると、日本の左下には青く塗られた島がたしかに浮かんでいる。

世界地図の全体をぼんやりと見つめる。黄色やオレンジや赤や茶色が、今日にでも塗り変わってほしい。グレーの国も変わってほしい。でも、じゃあすべて青色に塗られたらいいのかと問われると、言い淀んでしまう。

同性婚を法制化している国が同性愛を犯罪化していることはないから（一つの国の中で地

域ごとに分かれている場合はある）、この色分けは合理的なのだろう。ただ一方で、こうして一枚の地図に落とし込むと、犯罪化の対極に法制化があるような印象を受ける。それは本当なんだろうか。なにかもっと、別の地図を思い描くこともできるのではないか。

結婚について考えると、いつも複雑な気持ちになった。日本では現在、婚姻の平等を目指した「結婚の自由をすべての人に」訴訟（同性婚訴訟）が進んでいる。[1] 法律上同じ性別のカップルが結婚できないことを憲法違反だと問うこの訴訟は、二〇一九年二月に札幌、東京、名古屋、大阪の四つの裁判所で一斉に提訴されたあと、同年九月に福岡の裁判所でも提訴され、大きな注目を集めている。

その重要性がわかるから、とても応援している。だけど同時に、身をよじって抜け出したいような感覚になる。当事者性が強すぎるせいで、「あなたはどうするの？」という問いを突きつけられているように感じる。その選択肢を持たないまま生きてきたから、自分の生活と地続きに「結婚」がある状況がうまく想像できない。

本当に小さい頃は、自分もいつか「結婚する」と思っていた。この頃から男性に性的な感情を抱いていたけれど、当時はそれを意味づけるための情報がなくて、ただの現象として処理していた。子どもに性の話をするのをタブー視する空気も手伝ってか、性と愛と結婚が結びついていなくて、「男性に性的な感情を抱くこと」と、「いずれ女性を愛して結婚する」という規範が、相性が悪いという考え自体がなかった。そもそも結婚自体が遠い未来の話で、現実味もなかったのだろう。

十代の頃は、ゆるやかな混乱の中を漂っていた。「女性を愛して結婚する」といった時、そもそも「女性を愛して」という部分がわからなすぎて、かえって結婚できる気がしていたこともあった。事務的な手続きのようなものとしてなら理解できたのだと思う。その感覚は陽炎のように近づいたり遠ざかったりしていたけれど、一貫して「したい」わけではなかった。だから家族から「将来はどんなお嫁さんをもらうのかな」などと期待混じりに言われると、体が自分のものでなくなったみたいに重くなった。

物心ついた時から同性婚ができる社会だったら、結婚したいと思っただろうか。異性愛が前提の社会じゃなければ、何か違っただろうか?

そんなふうに書いてみると、途端に湿っぽいニュアンスを帯びる。でも、特に悲しいわけでもないのだった。そう考えないわけではないけれど、あえて言葉にするのは、単に話を打ち切りたい時だった。

結婚の話を打ち切る技術を、私は日常の中で磨いていった。放課後に高校の近くのマックで友達と宿題をして、一ページも進まないままおしゃべりをしていると、「何歳くらいで結婚したい？」なんて話になることがあった。そういう時には他の人が話したあと、みんなよりも抑えた声色で「家族があんまり仲良くないし、結婚にいいイメージが描けないんだ」と言っていた。嘘ではなかった。でも完全に本当でもなかった。ただそういうことにしておけば、結婚のよくわからなさも、ゲイかもしれないことも隠せた。それぞれの結婚観なんてみんな本気で興味があるわけではないから、おしゃべりはあっという間に別の話題へ移った。

なんにせよ私は結婚したいと思うことがなかったし、圧力を感じながらも遠ざけておくことができた。揺らぎ続けた十代半ばを経て、自分の性と愛が今の社会では結婚と結びつかないことを認めた時、諦めに似た解放感があったのを覚えている。

そうやって平穏を保っていた。だけど時代は変化していく。

潮目が大きく変わったのは二〇一五年で、この年、アメリカの全州で同性婚が合法化された。日本でも、東京の渋谷区と世田谷区が同性パートナーシップ制度を導入した。

私はといえば、「喜びながら自分ごととしては受け取らない」という奇妙な態度を取っていた。全米で同性婚ができるようになったのはすごいけど、日本にいる自分が結婚できるわけじゃない。パートナーシップ制度で救われる人がいるのはうれしいけれど、自治体の中でしか効果を発揮しないし、法的な効力はないから、自分はいいかな、みたいに。

そしてそのうねりの中で、同性婚訴訟がはじまった。この訴訟は、不平等な現実を真っ向から変えようとしている。社会を動かし、権利を勝ち取ろうとする運動には、見て見ぬふりができない力があった。だからこそ、「身をよじって抜け出したいような感覚」になった。自分にないものだと片付けてきた選択肢が、急に現れたから。人生に関わるからこそ、私は怯んだ。

二〇二〇年八月五日に、この訴訟のオンライン報告会を見たことを日記に書いていた。私が見たあと恋人もアーカイブ配信を視聴して、感想を話しあった。その時、私は「結婚できるようになったらすると思う?」という質問を、口にすることができなかった。

個人的な感情と制度の必要性を混同しているとも、伝統的な家族観を頑なに守ろうとする人たちに利用される隙があって嫌だなとも思う。私は、「自分みたいな人がいるから同性婚訴訟はやめるべき」とは思わない。「結婚の自由をすべての人に」とは、結婚をする自由もしない自由もすべての人に等しく与えられるように、という意味だと解釈している。したくないなら制度を利用しなければいい。その自由は保障されている。

それに、訴訟が進むごとに「このままでいいはずがない」という思いも強くなっていった。異性間であれば当たり前にできることが同性間でできない状況は、差別に他ならないからだ。だから判決が出る日はいつもニュースを気にしていて、不当だと思う判決が出れば傷ついたし、良い判決が出れば喜んだ。

それでも、結婚がそんなに素晴らしいのか？　という疑問は消えなかった。選べなかった時間の中で、こんなもの、と反発する気持ちが膨らんでいた。そのわだかまりはいつしか、フェミニズムやクィア・スタディーズがずっと展開してきた婚姻制度批判と結びつき、もつれながら強くなっていった。

フェミニズム・クィア理論を専門とする研究者の清水晶子《あきこ》は『フェミニズムってなんですか？』で、同性婚を「フェミニストの間でも論議を呼び意見が分かれるアンビバレントな問題」としている。同性間での結婚ができない「婚姻制度の差別的な運用は、是正されなくてはならない」が、その運用上の問題に取り組むことで、「フェミニストたちが長年指摘してきた婚姻それ自体の問題――婚姻は家父長制的で性差別的な制度である、ということ――から人々の目が逸れてしまうかもしれない、という懸念」があるためだ。

フェミニズムと密接に関わりながら発展してきたクィア・スタディーズにも、婚姻制度の枠組みを疑う視点があった。同性婚の法制化は何を解決し、何を見えなくするのか。それはむしろ、現在の制度的な問題を温存したまま、同性カップルだけが承認され、それ以外の関係性を望む人たちや、他の困りごとを抱えた人を置き去りにするかもしれない。同性婚の法制化は、結局違う場所に同じ線を引き直すだけかもしれない。

法哲学者の松田和樹は、「愛のために「結婚制度」はもう廃止したほうがいい、法哲学者の私がそう考える理由」という『現代ビジネス』への寄稿で、法律が家族の線引きをすることの問題を論じている。

記事ではまず異性愛と同性愛のカップルの間に引かれた線を疑い、次にポリアモリー（複数愛）や友情結婚にも触れながら、カップルとそれ以外の間に引かれた線を疑う。愛と家族（結婚）の枠組みを見つめ直し、法律が「あなたは家族だ」「あなたは家族ではない」と線引きすることを批判的に問い直す。

愛と家族のかたちは多様で、当人たちの選択と合意を尊重すべきものであることを確認したあと、今度は家族と法的に関連付けられてきたさまざまな権利や責任を検討していく。この中には入院時の病院の面会資格という、同性婚が認められていない社会で同性カップルが直面する困難としてよく挙げられるものもあった（一九八〇〜九〇年代のエイズ禍に「家族」ではないからとパートナーへの面会ができなかったゲイ男性たちの存在は、同性婚の権利獲得運動の起点の一つでもある）。松田は、万が一の時の面会や、医療に関する決定の資格については「家族」関係を尊重せずとも、自分が判断を委ねたいと思う人の名前や連絡先を健康保険証に書いておき、それが尊重される制度にしてはどうかと提案している。たしかにこのようなあり方があらゆる分野で徹底されるなら、結婚という制度を用いる必要はなくなるかもしれない。フランスのＰＡＣＳ（連帯市民協約）[2]を、二者間に限らずより柔軟に、細かく運用していくようなイメージを思い浮かべる。

具体例を挙げ、法哲学の観点からなるべく多くの愛と家族が平等でいられる世界を想像する文章に、これなら、と思う。同時に、実現には長い時間がかかるだろう、とも。

私がこんなふうに考えていられるのは、今すぐ制度に頼らなくても生きていけることと無関係ではないだろう。社会的・経済的な安定のために、奪われている尊厳のために、そう遠くない未来にパートナーを看取る日のために、法制化を必要とする人たちがいる。今、ここで生きている人たちのことを想像すると、確実な制度の是正が最優先、という気持ちになる。

婚姻制度に楯突きながら、それを求める人たちを尊重したいと思っている。だから今は「まずは婚姻の平等が必要だけど、最終的には制度を解体すべき」と言うことがある。矛盾をわかりながら、そう言っている。

近い将来、日本での婚姻の平等は必ず実現するだろう。その時、やっぱり私は歓声を上げるのだと思う。

だけど次の瞬間、また「それでも」と思う。波が寄せては引いていくように、考えが行ったり来たりしている。そうしているうちに、新たな可能性が芽吹くのではないか、なんて期待してしまっている。

差別を禁止してほしい。生存を保障してほしい。同性婚を法制化してほしい。それが不平等な制度を維持するのではなく、同じような線を引き直すだけに留まるのでもなく、多様な関係性に向けて開かれた社会をつくる一歩になってほしい。二人で、あるいは複数人で関係を築いていくことと、一人で生きることに優劣がつけられず、誰も不当な扱いを受けないようであってほしい。

あの世界地図に望むのは、グレーでも、黄色やオレンジや赤や茶色でもない。青や水色に似ているけれども同じではない、別の複数の色を想像してみる。

参考

●清水晶子『フェミニズムってなんですか?』文藝春秋、二〇二二年

●森山至貴『LGBTを読みとく――クィア・スタディーズ入門』筑摩書房、二〇一七年

●菊地夏野+堀江有里+飯野由里子〔編著〕『クィア・スタディーズをひらく2――結婚、家族、労働』晃洋書房、二〇二二年

●植村恒一郎+横田祐美子+深海菊絵+岡野八代+志田哲之+阪井裕一郎+久保田裕之『結婚の自由――「最小結婚」から考える』白澤社、二〇二二年

●認定NPO法人虹色ダイバーシティ「性的指向に関する世界地図」二〇二三年二月時点

(https://nijibridge.jp/data/1267/)

● 富永智津子「【年表】各国別／「同性愛」行為と同性婚（＝性的指向）の法的地位（１２７０～２０１６）」『比較ジェンダー史研究会』二〇一六年六月二十日（https://ch-gender.jp/wp/?page_id=16119）

● 松田和樹「愛のために「結婚制度」はもう廃止したほうがいい、法哲学者の私がそう考える理由」『現代ビジネス』二〇二二年二月十一日（https://gendai.media/articles/-/92323）

註

［1］婚姻の平等をめぐる情報や最新の動向は「結婚の自由をすべての人に－Marriage for All Japan－」（https://www.marriageforall.jp/）が詳しい。

［2］フランスで一九九九年に施行された、同性・異性を問わず、共同生活を営もうとする二人を対象とする契約。当事者自身が法律の範囲内においてお互いの権利や義務を自由に決めて契約書を作成できる。同性婚が不可能だった時代に同性カップルの権利のために考案されたものだが、フランスが二〇一三年に婚姻の平等を達成した後も結婚より手軽でかつ法的な効力のあるパートナーシップ契約として広く利用されており、異性カップルからも人気が高い。ＰＡＣＳのような準婚姻制度は「同性婚実現への第一歩」と評価されることがある半面、異性愛者と違う制度を設けるだけでは「婚姻の平等」は達成されないと考えられている。

善意

恋人と今の家に引っ越しをした時、最後に作業員のおじさんがサービスでリビングの照明を取り付けてくれた。午後からのプランだったし、搬出に時間がかかってしまったので、外はすっかり暗くなっていた。新居への搬入では助っ人を呼んでくれたおかげで予想よりもずっと早く終わり、私もおじさんも安心していた。

照明を持って手近な椅子の上に乗るおじさんに、「兄弟なんですか？」と尋ねられた。一瞬迷ったあと、「パートナーです」と答える。おじさんはよくわかっていない様子で、「へー。お仕事とかですか？」と返してくる。そんなに伝わらないんだ。もうそういうことにしてしまおうかと思ったけれど、「いや、付き合ってるんですよ。ゲイで」と言ってみる。

「へえええ、そうですか」

平静を装いながら、驚いているのが声でわかった。そして「そうやって堂々と言う人はじめてです」と、目を見て言われた。

部屋に対して大きすぎるＩＫＥＡの本棚を慎重に、しかしてきぱきと運び入れてくれた人だった。絶対にいたと思いますよ、これまでのお客さんにも、従業員の人にも。そう言おうとしたのに、「全然、悪いとか思っていませんから」「時代も変わってますからね。うん、むしろすごくいいと思います」と矢継ぎ早に言うので、何からどう話せばいいのかわからなくなってしまった。しかもいつの間にかおじさんの隣には若い作業員が立っていて、神妙な面持ちで頷いている。

おじさんが咄嗟の判断で、善意から言ってくれたことは伝わっていた。裏目に出ていたけれど。善意は伝わっていること、しかしだからこそすり減るのだということを、どんな言葉だったら過不足なく伝えられるだろう……苦笑いで時間を稼ぎながら言葉を探していたら、急に目の前がぱっと明るくなった。照明がついたのだ。

「男性的」

六本木にあるオフィスビルを訪れていた。A社の役員に今後のビジョンを聞く広告案件のためで、大企業を取材するのは久しぶりだった。自分の得意分野ではないのだけど、フリーランスでライターをしていると色々な仕事がある。難易度は変わらないのに、普段受けているものの数倍の原稿料になることもあるから、よほど違和感のある内容でなければ引き受けることが多い。

こういう仕事があるのは、だいたい数ヶ月に一度。案件の数はもっとあるはずだから、私は二番手か三番手のライターなのだろう。依頼があると安心して、そのあと微かに虚しくなる。大変な上に安いけど引き受けたい仕事の原稿料と足して二で割ったら、どちらもしっかり時間をかけて取り組めるな、などと計算してしまう。

ちゃんとしたスーツを持っていないので、ジャケットを羽織っていつもなんとなくごまかしている。この仕事をはじめた頃、「取材のためにちゃんとした服装を揃えておけ」と言われたけれど、たまにしか着る機会がないのに一式揃えるのがもったいなくて、それっぽく見える格好を試行錯誤していた。正直、ちょっとした反抗心もあったと思う。

色んな取材に行く中で、ライターや記者の服装は案外まちまちだということがわかってきた。それで、そのまま今日まで来ている。冬はタートルネックが着られるので好きだ。ネクタイをしていなくても不自然じゃないから。


アポイントの十分前になり、ロビーに取材チームのメンバーが集まる。総合受付でもらった入館証をかざすとゲートが開く。二十階よりも上にしか止まらない、高層階行きのエレベーターに乗る。私たちを乗せた箱が、素早く静かに昇っていく。二十階まではスピードを上げて通り過ぎ、目的階に近づくと減速するのがわかった。気が利きすぎている感じが、これみよがしに思えてあまり好きではない。

エレベーターを降りると耳の奥が少し痛かった。唾液を飲み込んで、A社のフロントで再び受付をする。担当者が現れ、取材のための会議室へと案内してくれる。会議室からは、東京が一望できた。撮影があることを見越して、眺めのいい部屋を用意してくれたのだろう。窓際に寄って、外を見てみる。観光地でお城の天守にのぼった時のことを思い出す。少し遅れて部屋に入ってきた役員は、トニー・レオンに三島由紀夫を混ぜたような顔をしていた。本当にそんな顔だった。スポーツをしているのか、ジャケットのせいか、肩幅が広く見えた。

長机に向き合って座り、取材がはじまる。三島レオンは表情を崩さず、低い声でゆっくりと話した。私の質問がもたつくと、わずかに、しかし明らかにわかるくらいに顔を歪めた。そのたびに焦って、舌がもつれそうになった。

見透かされている気がした。何を、なのかはわからない。安物のジャケットとタートルネックを頼りなく感じる。良いスーツとか高い腕時計とかを身につけていると、こういう視線も跳ね返せるんだろうか。そのルールに乗りたくないけれど、いざこういう場にいると萎縮してしまう。

取材が軌道に乗ってくると、三島レオンは何度か冗談を言った。取材チームのひとりが合いの手を入れて、笑い声が響く。無表情なその人の口元が緩むとほっとした。油断した姿を見て、許されたような気分になった。

こういう瞬間、私は自分をとても「男性的」だと感じる。その場で力を持っている人の顔色を反射的にうかがう時。波風を立てず、場の維持を優先する時。意志を持ってそうしているわけではない。むしろ何も考えていなくて、ただ奇妙にそうしないといけない気がしてしまう。

私がゲイであることは、この仕事には一切関係ない。言う必要がないから、言わない。ただそれだけだし、それでいいはずなのに、隠しているような気分になる。

人材雇用に関する話題からダイバーシティ&インクルージョンへ話が及ぶと、一瞬の間《ま》のあとで三島レオンは「そうですね。当社では女性やＬＧＢＴの活躍も推進しています」とだけ答えた。ビジネスについて語っている時は射抜くような鋭さがあった目が泳いでいた。話は弾まず、別のメンバーが違う質問をして話題が逸れていった。

取材は二時間ほどで終わり、記事の方向性や今後のスケジュールを確認して解散になった。まだ午前中なのに、なんだかどっと疲れていた。でも午後は別の原稿の締め切りがある。

トラブルが起こったわけではなかった。何事も起こらず、すべてがスムーズだった。でもだからこそ、自分は張りめぐらされた男社会のコードを読み取って、きちんと振る舞えてしまうのだと気付かされた。こういう時、いつもの原稿料との差額が、その「振る舞い」への対価みたいに思えてくる。実際は単に「お金はある場所にはあって、ない場所にはない」というだけなのだけど、そうとわかったところで余計に虚しい。

六本木駅に向かって急ぎ足で歩く。改札を抜けて、長いエスカレーターを一人で下っていく。大江戸線の六本木駅に来るたび、ここが日本で一番深い地下鉄だという話を思い出す。ホームまではまだたどり着かない。

*

頭の中でいつも、いくつかの考えがくすぶっている。一つ考えはじめると、別の問題にも次々と引火していく。

男性であることの喜びが、「とにかく上を目指していくこと」しかないように感じられる時があること。個人同士の付き合いならそんなことはないのに、あの取材の場のような集団になると、途端に単調なものになる。集団に長くい続けることで、その価値観を完全に内面化した人もいる。

自分が「男性的」な組織や空間に溶け込むための振る舞いを身につけていること。同族嫌悪のように、同じような振る舞いをする人たちに苛立つこと。自分はその価値観を内面化しているわけじゃないからと、「染まった」ように見える人を見下してしまう時があること。フリーランスの自分と、組織などに所属している人では状況が異なるのに。「男性的」な空間の中で、私以上に葛藤し、苦しい経験をしている人もいるだろう。

作業量は変わらないのに、仕事先や案件によって原稿料がまったく異なること。ライターの仕事はいわゆる「原価」がないので（必要経費はあるけどそれはまた別）、原稿料も基準があいまいだと感じる。丁寧にやろうとすればそんなに数はこなせないから、単価が低すぎると書いても書いても驚くほどお金にならない。でも、依頼する側も余裕がないのだろうし、交渉して面倒くさいと思われたら次はないかもという不安がある。興味のある内容だったら安くても書きたいとも思う。

高いぶんにはありがたいけど、それはそれで「じゃあいつもの原稿料は何なんだろう」

と考えて落ち込む。労働の対価がクライアントの資本力によって大きく左右される時、振り回されていると感じる。

私が男性ではなかったら、と想像して気づくこと。取材をした会議室も「男性用」のスーツやジャケットを着た人ばかりだった。私が男性ではなかったら、取材をしていたのは私だっただろうか。そのために受けるストレスや重ねた努力は今と同じだっただろうか。今回の広告案件のような依頼がたまにでも私に来るのは、以前勤めていた編集プロダクションで良い経験を積んだからだと思っている。でも、それなりにハードだったその環境できちんと働けたのも、体調の波が少なくて無理が効いたからではなかったか。

私がゲイではない他の性的マイノリティだったら、と想像して考えること。日本は今でも異性愛者を前提とした環境が大半で、服装などによって「男／女」に切り分ける力が強く働いている。そしてそうした環境の多くは男性優位になっている。レズビアンだったら、あの取材の場で込み上げてきた「何かを隠している感じ」に加えて、様々な女性差別の影響を被る。トランスジェンダーだったら、採用時や労働環境でその存在を想定されていないケースが依然として多い。

ゲイが経験する困難や差別もたくさんあるから、その問題を矮小化したくはない。でも、ただそこにいる時、「普通の男性」として扱われることで経験せずに済んでいる困難や差別がたくさんあることは、自戒も込めて覚えていたいと思う。

それらの困難は「自己責任」じゃない。それを作り出す社会の問題だ。だけど自分が困難を努力で乗り越えたり、我慢してやり過ごしたりしていると、気をつけないと人に対してもそれを求めるようになっていく。置かれた状況の違いが意識から遠ざかり、「もっと頑張れ」という話にすり替わっていく。

そんなふうに社会から個人の問題にスライドさせる考え方は、経済的に、制度的に現在の社会に適応できている人ほど相性がいい。あるいは、適応しなければならないと思っている人たち。

この極北に、「当事者だけど全然困ってないです、だからLGBTQ+差別はありません。生きづらい人は努力が足りないんじゃないですか」みたいなことを言うゲイがいるのだろうか。かれらが「差別はありません」と言う時、それが本当かどうかは重要ではない。「うるさいこと言ってる奴らもいるけど、自分は違いますからね」と「ものわかりのよさ」をアピールしているのだと思う。そのアピールは誰に対してなのか。その態度は、結局のところ私たちに困難をもたらす社会を温存し再強化してしまう。クィア・スタディーズが厳しく批判する「新しいホモノーマティヴィティ[1]」や「ホモナショナリズム[2]」のあり方に接近してしまう。そうやって自分さえ良ければいいと開き直ったら終わりだ。

一つ考えだすと、次へ、また次へと燃え移っていく。それはこうした問題が、すべてつながっているからなのだろう。だからこそ時々、大きすぎてどうにもできないような気分になる。出口は見えているし鍵も持っているのに行き方がわからない、そんな気分。

自分が「男性的」であることに嫌気がさす。だけど私が嫌になって投げ出したところで社会が変わるわけではないし、「見ないふりをしていてもそこそこ平気でいられる」という自分の立場を浮き彫りにするだけだ。

それに私はきっとこの先も、男を続けながら男を好きになる。だったら、より良い「男性的」なものを、探し続けないといけないんじゃないか。

私は、男性のどんなところが好きだろう。どんな男性でいたいんだろう。

「これが良い男性性だ」と定義するのは難しい。私が決めることでもないし、理想像を設定すれば、結局そこを頂点にまた「とにかく上を目指していく」がはじまってしまいそうだから。

そもそも「男性」というカテゴリー自体、「自分がそうだと感じている人」「男性ということになっていて、それでいい人」くらいのもので、「その人がどう思っているか」という、シンプルかつ重要な基準に基づく（女性や、その他の性がそうであるように）。その中にたくさんの異なる経験を持つ人が集《つど》っていて、それぞれに男性をやっている。多様で、一つに方向付けられるものでは決してない。

「良い男性性」の定義は難しい。でも、「あらゆる多様さを否定しないこと」くらいは言っていいのかもしれない。そういう男性が好きだし、自分もそうありたいなと思う。「男はこういうもの／こうでなければならない」とか決めつけない男性。どうしてそれを言ってはいけないのかを考えて、「女は」とか「ゲイは」とか、あらゆる属性に対しても決めつけることをしない男性。そうやって言葉や、言葉以外の力で支配しようとしない男性。

今はまだ、あらゆる多様さは色んな場面で否定されている。それを問題だと捉えている男性が好きだし、自分もそうありたいなと思う。社会が今のままで良いと思っていない男性。男性があらゆる場面で有利になってしまうことを自覚していて、付与される力を公正さのために使おうとする男性。「男社会」が問題視される時、責められていると感情的にならずに、だけど我が身を振り返ることができる男性。

そういう男性が増えていけば、上へ上へと方向づけられた力は次第に弱まっていく。右にも左にも下にも奥にも喜びがあること、そのすべてに優劣がないこと。誰もがそのことを理解し、実践している。そんな水平な世界で男性として男性を好きになるのは、どんな心地がするのだろう。

註

［1］「新しいホモノーマティヴィティ」は、政治学者のリサ・ドゥガンが提唱した概念。社会学者の森山至貴は『LGBTを読みとく――クィア・スタディーズ入門』の中で、「市場と消費に依存することでセクシュアルマイノリティの中に格差が生まれ、（裕福な）同性愛者の「一人勝ち」となる状況を批判する言葉」とまとめている。新自由主義的な価値観

に適合できるゲイなどの同性愛者が社会に包摂され「多様性」の一部となることで、その他の性的マイノリティが直面する問題が見えにくくなり、むしろ異性愛を前提とする差別的な現在の構造を強化してしまうこと。

〔2〕「ホモナショナリズム」はクィア理論研究者のジャスビル・プアが提唱した概念。森山至貴『LGBTを読みとく』によれば、「ホモセクシュアルとナショナリズム（nationalism）の合成語」で、「同性愛者がナショナリズムを支持する見返りに自らを認めてもらおうとすることで、逆説的にも既存の差別的な国家のあり方を維持、補強してしまうことを批判」するもの。

空気と柔軟体操

たくさんの不満を抱えながら働いていた時期がある。仕事が多すぎる、いつも帰りが終電近くになる、残業代がつかない、オフィスにいきなり怒声が響く、そんな環境だった。

不満に対する根本的な改善を求めたことは、ほとんどなかった。働いている人たちは愚痴を言いながらも、業界柄しかたないのだと受け入れているように見えたから、私もそうするほかないと思っていた。仕事が終わらないのは経験不足もあると思っていたし、ほぼ全員が遅くまでオフィスに残っていたから、一人だけ早々に帰るのは気が引けた。残業代に関しては法律上は問題ない契約になっているそうで、納得はしていなかったけど小さい会社で色々と大変なんだろう。怒鳴るのもやめてほしいけど、別に悪い人ではないしな……。今振り返ると、うまく理屈が通っていない。でも、その時はそういうものなのだと思い込んでいた。

しょうがない。今は頑張るしかない。そう言い聞かせながらもかなりストレスがたまっていたから、人と会うたびに会社の話をしていた。デザインや映像など制作系の会社で働く友人たちはみんな似たようなもので、お互いの身に起きたひどいできごとを笑い話にして盛り上がっていた。

付き合いはじめたばかりの恋人にも、同じように話していた。

その日は仕事が終わってから彼の部屋に行く約束をしていて、着いた時にはとっくに日付が変わっていた。すでに寝支度を済ませた彼が用意してくれたスウェットに着替えながら、会っていない間に起きたことを話す。自虐めいた笑い話のつもりだったのに、その夜はいつものようには笑ってくれなかった。

「そんな環境はおかしいと思う」

私の目をまっすぐに見ながら言う。少しの沈黙のあと「匿名の電話で抗議しようか」と、社名をGoogleの検索窓に打ち込みはじめた。

頷けば、彼は明日にでも実行しただろう。だけど私は首を縦に振らなかった。期待と違う反応に動揺して、居心地の悪さすら覚えていた。「ひどいね」と笑ってくれたらそれでよかったのに、どうして取り乱すようなことを言うんだろう。「いろいろあるからしょうがないんだよ」とか言いながら、洗面所へ逃げた。歯を磨いて、その日はそれ以上話さないで眠った。

当時の同僚に話を聞くと、今はだいぶ変わったのだという。この会社で働いていた時のことは、今でもたまに考える。「いろいろあるから」って、なんで一介の労働者の自分が経営者の事情をそこまで汲んでいたんだろう。状況を変えることを諦めた時、人は管理する側の論理を取り込むことで、自分をごまかそうとするのかもしれない。「いろいろあるから」と言ってしまえば、考えるべきことを考えずに済む。我慢し続けていることを、歪んだかたちで正当化できる。

場の空気に適応しすぎてしまうところがある。もともと強く自己主張をするより調整役にまわることが多い性格なのは自覚していたけれど、どうやらかなり相性が悪い空気があるらしい。そういう場にいると、心身を削ってなるべく摩擦抵抗を少なくしようとしてしまう。何かがおかしいと感じても受け流してしまう。充満している空気を吸い込んで、そのたびに暗黙のルールを正当化してしまう。そうしていつの間にか、私が吐く息の成分もその空気とそっくり同じになっている。

だから時々、すごく疑心暗鬼になる。会社、家族や友人のグループ、ゆるやかにつながるコミュニティ、SNS、街、社会、国、世界。さまざまな規模の、どんな場所にでも空気は発生する。結局、空気を上手に読んでいるだけなんじゃないのか。無意識のうちに自分を最適化させて、通っていない理屈でも「そういうもの」と思い込んでいるに過ぎないんじゃないか。本質的なことは何一つ理解していないんじゃないか。全体を優先させるばかりで、一人ひとりのことを想像できなくなっているんじゃないか。そのコミュニティでただ気に入られようとしているんじゃないか……。

風見鶏のようなところがある。だから、私はとにかく戦争が怖い。自由が損なわれる法やルールが成立するのが怖い。歴史的に見ても、反戦を訴えていたのに戦争の激化とともに意見を翻した人はたくさんいる。そうして戦後に深い自責の念を抱き続けた人たちに、自分の影を見てしまう。

以前、アメリカの政治学者ジェームズ・C・スコットによる『実践日々のアナキズム』

というエッセイを読んだ。この中でスコットは、過去三百年における重要な解放運動はすべて、人々を苦しめる法的秩序と真っ向から対決するものとしてはじまったことを指摘していた。

少数の勇敢な者たちが、座り込み抗議、デモ、可決された法案に対する大規模な違反などによって法律や慣習を率先して破らなければ、解放運動の拡大はありえなかっただろう。憤慨、憤懣《ふんまん》、憤怒によって活気づけられた破壊的な行動は、彼らの要求が既存の制度的・法的な枠組みのなかでは満たされないということを見事に露呈させた。

対決姿勢をとって、法律や慣習を変えようとする人たち。規模も状況も異なるけれど、その姿に恋人のことを少し重ねた。それから、デモなど社会運動の場で知り合ったたくさんの人たちのことを思い出した。

デモに行くと、自分の身体がこわばっていると感じることがあった。最前線で力強く呼びかけたり行動したりすることだけがアクティヴィズムではないけれど、それでももうちょっと自然に動けるようになっておいたほうが、自分はいい気がした。

『実践 日々のアナキズム』には、その参考になりそうなアイデアも紹介されていた。「アナキスト柔軟体操」である。

当時スコットがよく行く街に、とても大きな交差点があったという。交差点は昼間には車やトラックが多く通るけれど、夜になるとほとんど往来がなくなり、反対に歩行者数が膨れ上がる。信号は昼間の交通量に合わせて設定されているので、夜は大勢の人が辛抱強く待つことになる。合理的ではない制限を強いる赤信号と、忠実に守る人たち。その中で、周囲の非難の声と眼差しに逆らって信号を無視してみるのだ。

自分の頭を使って、理に適わないと判断した些細な決まりを破る。日頃からそうしておくことで、いつか自分の正義と合理性のために重大な法を破らなければならない局面がやってきた時の準備になると、スコットは書く。

これは身近な空気（つまり明文化されないルールのことだ）に適応しすぎる自分にも応用できそうだった。信号無視も良いけれど、条件に合う横断歩道が近所になかった。他に何があるだろう……そう考えながら休日に都心の駅ビルを歩いていた時、ある光景を目にした。

その駅ビルは大勢の人で混雑していて、エスカレーターの各階の折り返しのところで、たくさんの人が滞留していた。それなのに、みんな律儀に左側だけに乗っていた。右側を歩いてのぼってくる人は一人もいなかったにもかかわらず。

それで、「エスカレーターの歩行側に乗る」というのも柔軟体操にならないかとふと思いついた。調べてみると、その方が輸送効率がいいとか、片手が不自由な人は特定の側にしか乗れない場合があるといった情報が出てくる。別に法を破っているわけではないし、最近は「両側に乗りましょう」「エスカレーターでは歩かない」などと書かれた啓発ポスターを見かけることもあるので、アナキズムなのか……？　という気はする。でも、「合理的ではないのに、空気と慣習でそうなっている」と捉えたら、身体こわばりまくりの私の柔軟体操としてはちょうどいいかもしれないと思った。

予定を終えた帰りのエスカレーターで、何気ない顔で「歩行側」に乗ってみた。最初はなんだか落ち着かなくて、反対側に体が引っ張られるような、後ろから誰かに見つめられているような感じがした。でも、八階から地上へと近づくにつれて気にならなくなっていった。そして、自分の身体がほんのちょっと変わったような感覚になった。空気抵抗をなくすためにつるつるだった身体が、ざらざらを取り戻すような感じ。こわばりが取れて可動域が広がる感じ。

今になってみれば素朴すぎる試みかもしれない。柔軟体操をしている場合じゃないできごとが、もうあちこちで起こっているから。それに、そもそもこれが柔軟体操になるのって、自分が街に溶け込む見た目をしているからでもあるのだと思う。そうでない人にとっての空気は、きっと私が感じているものとは大きく異なっている。それについて私が語ることはできないけれど、溶け込んでしまえる人ほど、自分が忘れていられる空気の存在を認識したほうがいいと思った。その外に出ようとして、こわばりを感じて、身体をほぐそうとしたほうがいい。無意識にそれと同化することが、何を引き起こすのかを考えたほうがいい。

たまたま私はエスカレーターを使ってみたけれど、やるのはなんでもいいのだと思う。自分が流されるだけじゃなくて、空気に逆らって、影響を与えることもできると思い出せることなら、なんでも。空気を乱さないようにしなければと信じ込んでいる時、変えられるとは思えない。その中に身を置き続けていると、気づかないうちに体がこわばって、無力さが全身にまわってしまう。些細なルールを破ってみるのは、ルールを破れる自分を回復することだ。

街を観察してみる。エスカレーターで歩行側に立つ人がいると、後ろの人も立ち止まる。駅前の街路灯に誰かが貼り付けた「END RACISM」のステッカーが、高架下に誰かが描いた「FREE PALESTINE」のグラフィティが、横切る人に「目を逸らすな」と伝えている。小さな横断歩道で誰かが安全を確認してさっと渡ると、それを見ていた誰かも歩き出す。「空気」が揺さぶられ、入れ替わる。

参考

● ジェームズ・C・スコット『実践 日々のアナキズム——世界に抗う土着の秩序の作り方』清水展+日下渉+中溝和弥［訳］、岩波書店、二〇一七年

水の中

プールというと夏のイメージだけど、季節を問わず安価に利用できる屋内型の温水プールは意外とたくさんある。冬場は寒そうと思うかもしれないが、それはシャワーを浴びて泳ぎはじめるまでのほんの一瞬のこと。真冬などは空気のほうが冷えていて、水に浸かった瞬間にあたたかいと感じることさえあるし、どちらにせよ一往復も泳げば寒さは感じなくなる。

冬場は人が少ないのもいい。プールサイドの棚には空きが目立つ。誰かのぱた足の音が高い天井に響く。温水プールの一番いい季節は冬だと思う。だから私はここで泳いでいる人たちに、かすかな好意を抱いている。水中の方があたたかいという驚きを知っている人たち。体を動かせばすぐに寒くなくなる感覚を知っている人たち。閑散としたプールに流れる時間を知っている人たち。秘密を共有しているような仲間意識を覚える。

以前よく通っていた近所のプールは、小学校の施設を住民に開放しているところで、古いけれど手入れが行き届いていた。青っぽい普通の二十五メートルプールなのだけど、水底の塗装が剝げたところが銀色に塗り直されていた。水の中に小さな湖があるみたいで、波に砕かれた光を鈍く反射するのを見ながらターンするのが好きだった。

そのプールは老朽化していたので、故障による休館も少なくなかった。水の循環設備の入れ替えで数ヶ月の休館になった時は、別の施設を使わざるを得なかった。

それから通うようになったのが、家から電車で数駅のところにある総合体育館だ。ここには五十メートルの長水路があって、コースの途中からは足がつかなくなるほど深くなる。はじめて泳いだ時は、「もし真ん中で足がつったら……」と考えて体がすくんだ。でも、続けるうちに平気になっていった。実際に足がつったこともあるけど、痛みをごまかしながら戻れることがもうわかっている。

慣れてしまえば、広々とした長水路は気持ちよかった。水底が遠いので浮かんでいるような解放感があったし、コースの幅が広いので、すれ違う時に体を縮めなくて済む。ターンせずに長く泳げるし、全体の水量が多いせいか負荷が高く感じて、上がったあとの疲労も心地よかった。

プールに向かう道中では、「泳ぎながらあの原稿の書き出しを考えよう」などと目論んでいる。でも、うまくいくことは多くない。往復の回数を数えているせいで思考が細切れになってしまうし、酸欠気味で考えがまとまらない。波のゆらめきや水泡が下から上へとのぼっていくのにも目を奪われてしまう。

だから最近はもう、仕事のことは考えないようにした。泳いでいる時まで作業を進めようとするのは、生産性や効率を追い求めすぎている気がする。あるいは追い詰められているとも言える。私は放っておくとすぐに取り込まれてしまうから、考えられなくなる時間があるくらいで良いのだろう。

泳ぎながら、いろいろなことを忘れている。仕事のこと、人間の嫌なところ、自分の抱えている矛盾。完全に忘れられるのではないけれど、深くは考えずに済んでいる。

そんなふうにして週に二、三回泳ぐようにしていたら、気づくと少し肩幅が広くなっていた。筋肉がつきにくい体質で、筋トレをしても成果が出なくていつも長続きしなかったので、うれしいと同時に不思議な感じがする。変わらないと思っていたものも変わるんだなと思う。

それで今日もプールに通う。この長水路は水温が低くて、冬だと水に入った直後は本当に寒く感じる。それでもやっぱり一往復もすれば体はしっかり温まる。

泳ぐ速度に応じてコースが低速、中速、高速と分かれていて、私は中速コースを使っている。隣の高速コースは、水泳部らしき人や大会に出ていそうな人など、かなり泳ぎが上手な人が多い。バタフライのストロークの衝撃が大きな波を作る。パープルやイエロー、ネオングリーンのフィンがはためく。全身を上下に波打たせるような見たことのない動きで、筋肉質な身体が猛スピードで私を追い抜いていく。

反対側の低速コースを見る。水深二・二メートルの水底を深海魚のようにゆっくりと這う姿。水面には、カエルのような平泳ぎの渋滞。水族館の一番大きな水槽を思い出す。

中速コースはほとんどの人がシンプルなクロールで泳いでいる。そしてみんな、自分や前後の人のペースを気にしている。他の人より泳ぐのが速ければ高速コースに、遅ければ低速コースに移動した方が、自分もみんなもスムーズに泳げるからだ。前の人にぶつかったり、後ろの人に追いつかれたりしないように、それぞれがペースを微調整している。後ろに速い人がいたらコースの端で止まって先を譲ることもある。

そうやってちょうどいい距離を保ち続けていると、車みたいだなと思う。でも、車は道を譲ったらそれきりだけど、プールは同じところをまわり続けるので、ペースの読み合いや譲り合いが何度も発生する。そのうち、この人はゆっくり泳いでいるから自分もペースを落としても大丈夫だなとか、この人は煽ってくるから先に行かせようとか、その場にいる人の特徴を考えて動くようになる。見知らぬ誰かのペースを気にしたり、先を譲ったりし続ける。この超個人主義的な街で、言葉も交わさずにそんなやりとりをする場所が他にあるのか、私は知らない。滞りなくぐるぐると周遊し続けていると、みんなで人間ではない生き物の群れになった気分になる。

アップスパイラル

台風の日に電車が止まってしまって、立ち往生する利用客で大混雑している駅構内の写真を見たことがある。それを思い出す光景が、目の前にあった。だけど今日は台風ではないし、大きな事故があったという話も聞かない。

私が知らないだけだろうか。本当は大きな台風が上陸していて、私はその影響を受けないから気づかなくて、駅の大混雑というトラブルだけにこうして巻き込まれているのだろうか。そんなことはない、と思う。でも、特定の誰かだけを襲う台風みたいなものはたしかにある。

たくさんの身体がのろのろと改札に向かっていく。それぞれの背中からは、特別な苛立ちは感じられない。これが十九時過ぎのＪＲ渋谷駅の日常なのかもしれない。あるいは非日常だけど、みんなネガティブな感情を見せないことに慣れてしまっているのかもしれない。そう考える私も誰と話すわけでもなく、無表情で行列のようなものに加わっている。

渋谷駅はずっとわかりにくくて使いづらい状態が続いていたけど、ある時から臨界点を超えてしまったように感じる。工事の途中だからだとしても複雑すぎる。いたるところで流れが滞り、狭い場所に押し込まれるので、人として扱われていないような気分になってくる。尊厳を削り取ってくる空間。にもかかわらず華やかな消費文化の街という顔をしているから、不機嫌でいることもどこか許されない感じがする。「ノリ悪い」みたいな。

それは渋谷全体の再開発に対する印象とも重なる。十数年前、渋谷ヒカリエができたり東急東横線の駅が地下化されたりした頃から、時々遊びに来るだけの自分にもこの街が大きく変わりつつあるのが感じられた。二〇一五年になると、渋谷区は全国でどこよりも早く同性パートナーシップ制度を導入する。当時はそれを良いニュースだと思っていたけれど、今はそう単純に喜ぶことができない。同時期に、宮下公園など区内の公園で路上生活者の強制排除が進んでいたことを知ったからだ。現在は工事が完了し、隅々まで商業化された威圧感のあるミヤシタパークが、街の中心部を太く貫いている。

とにかく渋谷駅のあたりにいると、どんどん気が滅入ってくる。早く離れたいのに、大混雑で身動きがとれない。

ようやく改札を抜けて、ビックカメラやヒカリエのある交差点に出る。中心部の磁場から逃れるみたいに宮益坂を足早にのぼりきって、シアター・イメージフォーラムへ向かう。今夜はニューヨークで活動している映像作家、トルマリンさんのイベントがある。本人を招いて、短編の上映やディスカッションを行うという。入口で友人の若山さんと落ち合い、時間まで近くのタイ料理店でご飯を食べる。キウイのモヒートを飲みながら、近況を話したり、トルマリンさんの活動を解説する記事を読み返したりした。

話し込んでいたら、開始まであと十分を切っていた。急いで会計を済ませ、イメージフォーラムへと戻る。

会場には多くの人が来ていた。後ろのほうの席に座り、入り口で配られたトルマリンさんの詩の和訳に目を通す。「自由な夢を生きるには（How to Freedom Dream）」という、二〇二〇年に発表されたもの。だけど変に気分が昂《たかぶ》っていて、内容がうまく頭に入ってこない。

はじまる直前、何かメモを持ってくればよかった、と小さくつぶやく。隣でそれを聞いた若山さんがルーズリーフを破いて、ボールペンと一緒に貸してくれた。会場が薄暗いのでその時は気づかなかったけど、あとで見返すと藍色のインクのペンだった。

最初に、「自由な夢を生きるには」の冒頭をトルマリンさんが朗読した。それから通訳の方が和訳を読み、最後の二ブロックも同じように繰り返した。さっきは目が滑って読めなかったけれど、朗読を聞くと内容が染み込んでくるように感じる。線画が彩色されていくように、書かれていたことの意味を遅れて理解する。

それから、トルマリンさんの短編を二本見た。一本めは『大西洋は骨の海』。

「あそこにあった桟橋に住んでたの　もうないけど跡がある」

スマホで撮ったみたいな縦長の動画。ブラックの女性が建物の中から埠頭を見下ろして、一角を指差す。その人——ブラックやブラックのトランスジェンダーの人々への暴力や組織的な取り締まりに抵抗し続けてきたニューヨークのパフォーマー、エジプト・ラベイジャは、自分がかつてその桟橋で寝泊まりするホームレスだったことを語る。桟橋を上から見るのははじめてだと、エジプトは少し興奮した声で話す。「メイクしてないし泣いてもいいかな」。おどけたように笑って、短く感嘆の声を上げながら目もとを手のひらで覆う。それから手の甲を鼻の下に移動させ、何も言わずに桟橋を見つめる。その数秒間の沈黙が、エジプトのこれまでの道のりを想起させる。どんな体験をしてきたのかは想像し得ない。それでもその重さを感じて、見る人の意識をその存在に傾けさせた。

音楽が鳴り、シーンが切り替わる。赤いドレスをまとい、メイクしたエジプトが桟橋の見える場所でゆったりと踊る。次のシーンでは、乳白色の水で満たされたバスタブに浸かったエジプトが、その中に頭まで沈んでいく。水面は緑色のマーブル模様に変わり、別のキャラクター——冥界から現れたさそり座のゴースト、ジャマルが現れる。ブラックライトを思わせる青い光に浸されたベッドルームで、赤く照らされたクィアクラブで、二人はそれぞれに踊る。

今夜の回を企画したのは、主にクィアの人々の視点や経験を描いた映像作品の紹介を続けるノーマルスクリーン。ノーマルスクリーンのサイト上には、『大西洋は骨の海』の作品解説として、エジプトとのつながりや、作品のアイデアについてトルマリンさんが語るステートメントが掲載されていた。その中に、エジプトが赤いドレスで踊っていた場所が、二〇一五年にこの場所に移転しオープンしたホイットニー美術館だと書かれていた。

私たちはホイットニー美術館の最上部でも撮影をした。美術館が移転してきた新しい所在地が、ジェントリフィケーションによる大変暴力的な浄化の根底をなすような場所の一つであると暗示される。ミートパッキング地区や川沿いの埠頭［ピアー］には、HIV＋の人たちのための場所、黒人やトランスの人たちのための場所があった。そしてそれらの場所は、今もまだ存在しているのだ。彼女／彼らは完全に出ていった訳じゃない。そのことを、エジプトの物語や、より幅広く、水辺で営まれることになった生や生活と結びつけることはとても重要なことだと感じた。

（「トルマリンによるステートメント」）

二本めは『ポリネイター』。宇宙船の中で無重力を浮遊する宇宙飛行士たちと、ハドソン川に花が投げ入れられてぽとりと落ちる映像が対比されている。桟橋、バスタブ、川。連続する水のイメージ。

ハドソン川は、ストーンウォールの反乱をはじめたとされるマーシャ・P・ジョンソンが一九九二年に水死体となって発見された場所。『ポリネイター』では、その葬儀のあとにマーシャを悼む人たちが花を投げ入れる映像が使われている。そこに、生花を身につけて植物園を歩くトルマリンさんのショットが接続される。

上映後の質疑応答の時間に、トルマリンさんは『ポリネイター』について「一九六九年はストーンウォールの反乱があった年であり、NASAが月面着陸に成功した年でもある」と話していた。マーシャはこの翌年、一緒に反乱を起こしたトランス女性のシルビア・リベラとともに、若年層の有色のトランス女性で、特にセックスワーカーのホームレスを援助する団体を立ち上げる。

団体の名称は、「Street Transvestite Action Revolutionaries（行動する路上のトランスヴェスタイト革命家たち）」、頭文字を取って「S.T.A.R」。スター。宇宙進出に沸き立つ人々と、明日自分たちが生きていけるかが問題だったトランスたちの差が浮き彫りになる。皮肉のようにも、希望が込められているようにも思える。

「色々なものが欠如している時こそ、豊かさを求めることが大切」。二人がS.T.A.Rを設立したことに触れて、トルマリンさんはそう話す。

オレンジのライトの下で話すトルマリンさんと、暗い手元のルーズリーフを交互に見ながら言葉を書き留めた。瞳孔が伸縮して、目の筋肉が動くのがわかる。

語られた言葉はどれもシンプルだった。あまりにシンプルなので、私がメモした瞬間に大切な何かが抜け落ちてしまっているんじゃないかと不安になる。だけど藍色のインクで綴ったルーズリーフを読み返せば、あの夜の空気がちゃんとよみがえってくる。オレンジ色のライト。暗闇に溶ける親密さ。私のペンの音、誰かがペンを走らせる音。

●『大西洋は骨の海』についてのメモ

個人的な問題を、世界と共有する。よくないことが起こったとき、問題をなかったことにはせず直視すること。混乱もある、だけどそれも自分が求めているものを知る機会になる。そうすることでアップスパイラル、らせん状に良くなっていく。

●『自由な夢を生きるには』についてのメモ

詩を作ることで、私は自分に贈り物を与える。抱えきれないと感じた時、まずは小さなことから取り組む。そこからはじめることができる。

どの言葉も同じ方角を向いているように感じた。花々が太陽に向かって咲くみたいだ、と感じたのは、『ポリネイター』の生花を身につけたトルマリンさんの姿に触発されたからだろうか。甘くワイルドで、当たり前のように香るもの。奪われ得ないもの。それでも奪われてきたもの。

『ポリネイター』はこの日、日本ではじめて上映された。だけど私はハドソン川に花を投げ入れるシーンをどこかで見たことがある気がしていて、後からそれがNetflixの『マーシャ・P・ジョンソンの生と死』というドキュメンタリーではないかと思い至る。

後日このドキュメンタリーを見返して、少し調べていた時、トルマリンさんがこのドキュメンタリーに対して、白人のゲイでシスジェンダー男性のデヴィッド・フランス監督に「アイデアや作品を盗用された」と声明を出していたことを知った[1]。自分たちの作品のアイデアや、時間をかけて行ってきたアーカイブのリサーチを盗用して作られた作品が、大々的に配信されて大きな利益を生み出す。黒人の生、障害のある人の生、貧しい人の生、トランスの人の生を掠《かす》めとるそれらのやり口は、まさにずっと繰り返されてきたもので、マーシャが生涯にわたって対処を余儀なくされた暴力ととても深く結びついているのだと。

「自由な夢を生きるには」を読み返す。

私が夢見る世界は安らぎで満ちている。黒人のトランスの命が大事（ブラック・トランス・ライブズ・マター）であるというだけでは私は満足しない。私は黒人のトランスの生が気楽で、楽しく、そして豊かな機会で満ちていてほしい。私は自分たちがこの世界に贈った溢れ出すほどの豊かさ（アバンダンス）が欲しい――アート、ケア、知識、そして美しさ――それが私たちに10倍になって返ってきてほしい。

トークの最中、トルマリンさんは「奇跡のよう」と何度か口にしていた。もともとはプライベートで日本に遊びに来ていたのだけど、たまたま縁があって、ちょうど場所と時間を確保できたことで、この場が開かれたのだった。アナウンスがあったのもたしか三日前くらいで、でもだからこそ「奇跡のよう」という言葉に、この場所にいる人たちが包まれるような気持ちになった。

イベントが終わり、歓談の時間になった。友人や知り合いが多く来ていて、近くにいた友人のTANさんと少し話す。TANさんは一緒に来た友人と紙コップでビールを飲んでいて、少しだけ中身が残っている缶をもらってそのまま飲む。それから、若山さんと四人でトルマリンさんのところへ行って、少し話した。

ＴＡＮさんは「日本のＬＧＢＴＱ＋を取り巻く状況はいいとは言えない。そんな中であなたの話を聞いて勇気づけられた」と言っていた。ＴＡＮさんに通訳してもらいながら、私も感想を伝える。まとまりなくしゃべってしまったけれど、ルーズリーフを見せるとトルマリンさんの表情がぱっと明るくなった。「ありがとう！」と目を見て言ってくれて、私は「Thank You！」と伝えた。最後に一人ずつ、トルマリンさんとハグをした。

エネルギーと勇気をたくさんもらった夜だった。それで、未来のことを考える。「この世界に贈った溢れ出すほどの豊かさ（アバンダンス）」を享受するだけで終わりにしないために。まして掠めとってしまわないために。アップスパイラル、らせん状に良くなっていく未来のために、できることはなんだろう？

他の友人たちとも少し話をして、若山さんと二人でイメージフォーラムを後にする。印象に残ったことを話しながら渋谷駅へ向かう。話したいことが次々に浮かんでくるというより、もっと静かに満たされていた。

青山通りはほとんどのお店が閉まっていて、道が暗かった。人通りは少ないけど車は多い。走行音が素早く通り過ぎていくから、私たちの話し声だけがその場に留まるような、変な感じがした。
渋谷駅の殺伐とした空間で、今日のことを押し潰したくないと思った。せっかくだし原宿まで歩きませんかと提案して、下りかけていた坂を引き返す。夜風が涼しかった。

参考
●ノーマルスクリーン「トルマリン短編映画『大西洋は骨の海』＋解説」二〇二〇年六月十三日（https://normalscreen.org/blog/atlantic）

註
［1］トルマリン（@tourmaliiine）によるインスタグラムの二〇一七年十月七日の投稿。（https://www.instagram.com/p/BZ7byULA9KA/）
また、作家・ライターの鈴木みのりも以下の記事などでこの件を指摘している。
松岡宗嗣「ＬＧＢＴ報道、広がる領域、取りこぼされる視点。「ＬＧＢＴニュース」で２０２０年を振り返る」『fair』二〇二〇年十二月二十九日（https://fairs-fair.org/yearinreview2020/）

シーンが救う

食べ物でも小説でも、「一番好きなものは？」と聞かれると、いつも答えに詰まってしまう。あまりにも答えられないので、おいしいものやすごい作品に出合うと「今度好きなにかを聞かれたらこれだと言おう」と考えるようになった。でも、その機会が訪れた時にはもう忘れていて、えーっと、えーっと……と会話を間延びさせたあと、「最近だとこれがよかったです」と答えを微妙にすり替えてしまう。

「好きなクィア映画を一本選ぶとしたら何ですか？」

その夜もそう聞かれて、思わず焦った。一本だけというのが難しい。映画は社会とともに大きく変わっていくものだから、クィア映画の表現も日々新しくなっていく。最近の作品のほうが今の自分にも、社会にも合うものを選びやすいのだけど、一本だけと言われると、思い入れのある昔の作品を引っ張り出したい気がしてくる。

いつもなら考えるほど何も浮かばなくなってしまうのに、その日はすぐにあるタイトルが浮かんできた。

「『ショートバス』かなあ……」

答えながら、その映画のラストシーンを思い浮かべていた。ニューヨークが大停電になった夜、アンダーグラウンドのサロン「ショートバス」にみんなが集っている。たくさんのキャンドルが灯され、親しい人たちが身を寄せ合ってくつろぐ中、オーナーのドラァグクイーンがゆったりと歌い出す。

「手作りの厳《おごそ》かさ」とでも呼びたくなる空気に満ちたこのシーンが印象に残っていて、記憶をなぞるように今でもたまにサウンドトラックの音源を聞くことがあった。それもあって、すぐに好きな一本として挙げることができたのだろう。

『ショートバス』の監督はジョン・キャメロン・ミッチェル。ミッチェル監督の作品では『ヘドウィグ・アンド・アングリーインチ』のほうが有名かもしれない。『ヘドウィグ』の影に隠れがちだけれど、私の友達のあいだでは『ショートバス』のほうが人気だった。ラストシーンについても言葉を交わした記憶がある。

帰り道、駅へと向かいながら久しぶりにその曲を聴いた。ギターとバイオリンのやさしく飾り気のない前奏のあと、一瞬の無音があって、本人と同じ役名で出演しているドラァグクイーン、ジャスティン・ボンドの深くしゃがれた歌声が響く。

九分近い演奏が大団円を迎えた時、ちょうどホームに電車が滑り込んできた。がらがらの電車で、ふと映画をまた見たくなる。サントラはApple Musicにあるけれど、映画は配信されていないし、TSUTAYAは会員証の期限が切れて久しかった。いい機会だからと、ネットで安くなっていた中古のDVDを購入したのだった。

ポストを見るとDVDが届いていた。梱包を開いて、やわらかいような固いようなプラスチックケースを懐かしい気持ちで触る。パッケージの裏面を見ると、黄色い円で囲まれたラベルの中に丸ゴシック体でキャッチコピーが踊っている。

「全世界が熱狂！　必ずハッピーになれる、おしゃれでキュートなSEXムービー！」

そうだったっけ。たしかに性描写がかなり多くて物議を醸した映画なのだけど、なんか、そういうテンションなんだっけ。でも見てからもう何年も経っているから私の記憶もおぼろげだし、明るくそう断言されると、おしゃれでキュートなSEXムービーではないとは言い切れない気もしてくる。動揺しながら、ひとまずDVDをプレイヤーに入れた。

冒頭から、三組の人々の性行為が並行して映し出される。カップル・カウンセラーでセックス・セラピストのソフィアは、オーガズムに達したことがないのを夫に隠して「ふり」を続けている。SMの女王様として生計を立てるセヴェリンは、眼下にグラウンド・ゼロが見えるホテルで、苛立ちながら常連客の男を鞭で叩きつける。ゲイのジェイムズは悲しげな表情を浮かべながら自慰行為をビデオカメラに収めて、それを帰ってきたパートナーのジェイミーに知られて気まずそうにしている。あちこちでディスコミュニケーションが発生していて、みんな幸せではなさそうだ。

九・一一から間もないニューヨークで、孤独と秘密を抱えるかれらはやがてサロン「ショートバス」に集まるようになる。ここには風変わりな人がたくさんいて、話したり、ゲームしたり、大部屋で誰かとセックスをしたりしながら、ゆるやかなコミュニティをかたちづくっている。

映画の公開は二〇〇六年。登場人物のジェンダー・セクシュアリティや人種がわかりやすく網羅されているわけではない。ただ、社会になじめない人や、流動的な関係性とセクシュアリティがたくさん描かれているので、自分を「変わり者」だと感じていた人が見ると、なんとなく自分のためのスペースもどこかにあると思えるのではないかと想像する。

露骨なユーモアに笑い、かれらのややこしさに親しみを覚えた。同時に、自分が以前とは違った視点で映画を見ていることに気づく。性的なシーンではまず撮影時の演者の心理的安全性が心配になるし、ストーリーにおいても当時は気にならなかったことが引っかかってしまう。

例えばソフィアがショートバスで出会う女性たちは、オーガズムの素晴らしさを夢見心地で語り、未体験のソフィアを気の毒な目で見つめる。それでソフィアは色々な方法にトライするのだけど、自分ばかりを追い込んでいく姿は自罰的で苦しそうだ。「心をオープンにすることが真のオーガズムにつながる」というメッセージが打ち出される描写もあって、映画全体として性と愛と自己解放を同一視／神聖化しすぎている気もする。

Netflixが二〇一九年から配信している『セックス・エデュケーション』というドラマがある。セックス・セラピストの母を持ち、経験はないが知識は豊富な高校生のオーティスが、問題児扱いされているメイヴに誘われてセックス相談クリニックをはじめる学園コメディだ。シーズン三のエピソード一では、女性を挿入で満足させられないことに悩む男子学生に「もっと学んで 彼女に好みを聞くの」「セックスの目的はイクことじゃない」と、オーティスとメイヴが伝えている。こう考えることができたら、ソフィアもこんなに悩まなかったかもしれない。

セヴェリンは有名な俳優と同姓同名である自分の本当の名前を愛せず、そのトラウマから自分自身のことも好きになれないでいる。それも、苦しみを頑張って乗り越えようとしなくても、自分でつけた名前を愛せたらそれでいいのに、と思った。

もっと違う考え方だってあるよ、そんなに自分を責めなくてもいいよ。時空を超えて、隣に座って声をかけたくなる。だけどもし仮にそれができても、言葉がちゃんと届くのかはわからない。その時代を生きるとはそういうことだから。

そしていくつかの点が気になるからといって、見るのをやめてしまおうとは思わなかった。私は二〇〇〇年代との距離を意識しつつ、同時に距離を失って映画の世界に入り込んでいた。もどかしくなって、「そっちには行かないで」と呼びかけながら、かれらの状況を追体験していた。答えが一つしかないと思い込んで溺れかけ、大まじめにもがいてもがいて結局おかしなことになってしまう。そんな苦しみに共感していた。登場人物に感情移入しすぎて批評的に見られなくなるのは、私の悪い癖でもある。

ジェイムズはいつも張り詰めた笑顔を浮かべている。その笑顔が何度も映るうちに、この映画をはじめて見たのが十代の終わりで、消えたいといつもうっすら思っていたことをなんとなく思い出した。正確に言えば今もそう思っているけど、その感情にまだ慣れていなかった頃を思い出した。セクシュアリティと関係しているのかは、よくわからなかった。ゲイだからじゃないと思いたがっていたけれど、無関係ではないとも気づいていた。

ジェイムズは物語の終盤に自殺を図るのだけど、彼をずっとつけていたストーカーによって救助され、一命を取り留める。水中に沈んでいくジェイムズの体が何者かに抱き上げられた瞬間、息を大きく吐いた。無意識に呼吸を止めて見ていた。よかった、と本当に思った。「そっちには行かないで」という声が届いたような気がした。

これまで、クィアの多くは（特に非当事者の作り出す物語の中で）悲劇的な道を歩かされてきた。その歪みは、現実を生きているクィアが幸せな未来を描くのを阻んできた。だから今は、当事者の視点を反映した希望や喜びのある表象が希求されている。ただただ幸せな作品、差別や偏見のある現実を織り込んだ作品、ファンタジーとリアリティのバランスはそれぞれだけど、多くの作品が同様の問題意識を持って作られている。それでもまだまだ足りないし、私もそうした作品がもっと増えてほしいと思う。

『ショートバス』が公開されたのはカウボーイの男性同士の恋愛を真正面から描いた『ブ

ロークバック・マウンテン』が高い評価を得た翌年のことだ。男性同士の恋愛を美しく、切なく描くこと自体が画期的で、クィアの死に関する議論はまだ主流ではなかっただろう。だけどここで、ジェイムズは死から逃れる。

そしてあのラストシーンが訪れる。大停電の中、不安そうにショートバスの階段を降りる人々に、ラジオが事件性はないことを伝える。悲惨な死は遠ざけられている。少なくとも今は。だからこそ、あんなふうに歌えるのだ。曲の題名は「In the end」だった。

〈だれもが最後にはそうと知る／心の悪魔こそ最良の友と〉

唐突にサロンが騒がしくなり、マーチングバンドが乱入してくる。バンドは賑やかな音を打ち鳴らし、変わり者たちが歓喜し、合唱をはじめる。ジャスティンはいつの間にかおもちゃみたいな拡声器を手にしていて、その歌声を歪ませながらますます響かせる。

やっぱりいいシーンだなと思った。後悔や恥や自己嫌悪、そのすべてが一気に赦されてしまう。そうしながら、祝祭的すぎる空気を拒絶するように絶叫するセヴェリンの姿を一瞬映していて、ちゃんとはみ出しもののための席も用意されている。

このラストシーンは、誰かの苦悩を直接解決はしない。だけど魂を縛り付けるものを緩め、それだけで「生きていける」と錯覚させてくれる。うまくいきさえすればの話だけど、でもそういう瞬間はたしかに時々やってくる。映画でも、ままならない私たちの生活でも。

後日、映画について調べていた時、二〇二二年に4Kレストア版としてアメリカで再上映されていたことを知った。上映時には、現代でもこの映画を作ることはできるのか、できたとして観客はそれを支持するのか、と議論になったようだ。

いくつかのインタビューで、ミッチェル監督は当時と今を比較しながら、現代とやり方は異なるものの撮影時の安全性が確保されていたことを強調していた。監督という権力を持った人が振り返って話しているものではあるし、考えのすべてに同意するわけではないけれど、ひとまず安心する。

ある記事の最後で、ミッチェル監督は「『ショートバス』はミュージシャンが音楽を使うようにセックスを使います」と言っていた。それを読んで、あるシーンを思い出す。

ジェイムズとジェイミーのカップルはオープンリレーションシップを試すため、自分たちの関係にモデルのセスを迎え入れた。セスのギターの弾き語りを聴いたあと、三人は裸になる。リビングで輪になってお互いのを咥え、「今度はこっち」と言って、お尻を軸にしてくるっと体を回転させると、もう一人のを咥える。面白い体位を試してみる。その時に、ジェイミーがいきなりセスのお尻に向かってアメリカの国歌を歌い出すのだ。セスも乗ってきて、ジェイムズのペニスをマイクに見立てて大声で歌う。

このシーンとか、たしかにおしゃれでキュートなＳＥＸムービーなのかもしれない。扇情的でも意味的でもなく、ひたすら仲良く楽しそうで、とても素敵だった。

参考

- Keith Langston, "John Cameron Mitchell Rereleases His Groundbreaking Film 'Shortbus,'" PASSPORT（https://passportmagazine.com/john-cameron-mitchell-rereleases-his-groundbreaking-film-shortbus/)
- Theo Estes, "John Cameron Mitchell on 15 years of Shortbus," The Spool (https://thespool.net/features/interview-john-cameron-mitchell-shortbus/)

もっと大きな傘を

昔のことがある時なんだか無性に恥ずかしくなって、インスタグラムの投稿をすべて消した。といっても完全に削除する思い切りのよさはなくて、アーカイブ機能を使って自分だけが閲覧できるようにしてある。その写真を、久しぶりに見返してみる。昔付き合っていた人、きっともう行くことのない場所、忘れてしまっていたできごと。時間を巻き戻すみたいに下へ下へとスクロールしていくうちに、サムネイルでも鮮やかなその写真を見つけた。

タップすると大きく表示される。赤、オレンジ、黄色、緑、青、紫、六色の布で装飾されたステージで、ショッキングピンクのタイトなドレスを着た女性が歌っている。

投稿の日付は二〇一三年四月二十八日。代々木公園で東京レインボープライド（TRP）が開催された日だった。ステージで歌っているのは、ピチカート・ファイヴで解散までメインボーカルを務めた野宮真貴。投稿のキャプションには、この時に歌われた「スウィート・ソウル・レヴュー」の歌詞の一節が書いてある。歌詞と一緒に画像をポストするなんて今ではすっかりしなくなったことで、やっぱり恥ずかしい気持ちになりながら、当時のことを思い出す。ピチカート・ファイヴは私の世代ではないけれど、当時仲良くしていたコミュニティの人たちにひとまわり年上の音楽好きが多くて、かれらが特別な存在のように語るのを聞いていた。だから私も好きで、それがこの日会場に足を運んだきっかけの一つだったと思う。TSUTAYAでベスト盤をレンタルして、この曲と「陽の当たる大通り」をよく聴いていた。

二〇一三年に行われたTRPが、私がはじめて参加したプライドイベントだった。二十一歳だった。通っていたのが芸術系の大学だったからか、この時代にしては比較的ゲイであることを隠さずに済んでいて、嫌な思いをすることも少なかった。それでも会って間もない人に伝えるのは勢いが必要だったし、かといって黙っていると嘘をついている気分になった。

当時はカミングアウトして拒絶されなかったとしても、「特別枠」として扱われるという認識がどこかにあった。大通りではないところに居場所が用意されていて、そこでなら生きることが許されている、というような。

だからレインボーに彩られた代々木公園にはじめて足を踏み入れた時は圧倒された。大企業がブースを出展していて、たくさんの人がいて、休日の渋谷の真ん中でレインボーカラーのフラッグがはためいているのは、不思議だった。うれしいというより、明るく堂々としたその雰囲気と自分がうまく結びつかない感じ。だけどみんな笑顔だったし、私も楽しい気分になって過ごしていた。どうやら自分たちが祝福されているらしいことがくすぐったかった。

それから、TRPには一人の来場者として参加するようになった。行かなかった年でも、当日になるとSNSで様子が流れてきて、ああ今年もやっているんだなと思っていた。

二〇一六年は今の恋人とはじめて会場に足を運んだ年だった。だけどステージやブースはあまり見ていなくて、ほとんどの時間を友達数人と代々木公園でピクニックをしながら過ごしていた。

この時から、TRPに対してある種の「のれなさ」を感じるようになっていたのだと思う。しっかり見ていないのにこんなことを書くのはずるいかもしれないけど、企業やメディアの主導による「ＬＧＢＴブーム」で注目度が急激に高まりはじめていたのを、自分も感じるようになっていた。肯定的な眼差しをうれしく思うこともあったけど、そこで打ち出される「キラキラしたＬＧＢＴ」像にはどこか違和感があって、ＴＲＰがその路線へと向かっているのを、うっすらと感じていたのかもしれない。

祝祭的な雰囲気の中にいると、楽しさと息苦しさが交互に訪れた。無理やりステージに上げられているようだったし、一人ひとりの差異を措いて、求められる「みんな」の中に行儀よく収まらなければいけないような窮屈さもあった。少しの違和感が引っかかってしまう。自分のための場所であるはずなのにそう感じられないのは、最初から期待していない時よりもつらい。夜に入った原宿の居酒屋でも、友人たちとそんな話ばかりしていた。

くすぐったさが窮屈さに変わり、そしてまた何年かかけてさらに変化していった。決定的だったのは二〇二〇年と二〇二一年だ。コロナ禍の影響でオンライン開催となったのだが、私のＳＮＳではＴＲＰへの批判が目立っていた。資金力のあるスポンサー企業の扱いが年々大きくなり、地道に活動を続けている当事者団体が隅へと追いやられているのでは。

当事者よりも芸能人やインフルエンサーなどのゲストスピーカーを多く起用しているように思える……そうした意見を多く目にして、漠然としていた違和感が猛スピードでかたちになっていくように感じた。

二〇二二年は三年ぶりにオンラインではなく代々木公園での開催で、現地の様子を確かめるために行くつもりでいた。だけどこの時期、私は精神的なアップダウンが激しくて、行こうとしていた日は調子が悪かった。どんよりと曇った日だったと記憶している。恋人と駅前のパン屋で軽く食べて、そのまま向かおうとしていたけれど、直前で諦めてしまった。今あの人混みに飛び込むのは無理だろうと思った。別の場所に出かける恋人を見送って、一人で引き返した。

楽な部屋着に着替えて少し眠る。起きてから見たＳＮＳで、ＬＧＢＴＱ＋に対する施策が十分でない出展企業に対して、差別的であるとして抗議行動を行った男性が、実行委員会に通報される事件が起きていたと知った。

ＴＲＰのサイトを見ると、名だたる大企業のロゴがレインボーカラーに染められている。十年前は心強かったそのことに、何も感じられなくなっていた。

働き方やサービスを、性的マイノリティを想定したあり方に変えていくことは重要だと思う。それぞれの企業内での取り組みがあるだろう。だけどそんな企業でも政治家の明らかな差別発言に対しては何も言わなくて、それなのに企業ロゴはしっかり虹色で、落胆が次第に大きくなっていた。

TRPの合言葉のようになっていた「ハッピープライド！」という言葉にも乗れなかった。生と性の多様性を祝福するあたたかい言葉のはずなのに、どこか空虚に感じていた。その言葉を聞くたびに、大勢の人が傘をさせずに濡れているのに、「雨やんだね！」と言われているような感じがした。

「特別枠」だった私たちが「ブーム」によって、社会に包摂される。その流れにTRPは寄与したのだと思う。たくさんの良い変化をもたらしただろう。でも、私が本当に望んでいたのは、そういうことではなかった。ハッピーな存在として組み込まれるのではなくて、ハッピーじゃなくてもそこにいられる権利だった。そして、「何が正常か」の線引きを解体する方法が知りたかった。

このイベントは自分のものではないと思うようになっていた。来年は行くことはないだろうと思った。

ところが翌二〇二三年のTRPで、私はブースの隅で本を売っていた。秋に自分の本を出したつながりから、声がかかったのだ。

最初は断ろうと思っていた。だけどこの数ヶ月前に、実際にブースを出展するなどしてTRPと関わっている人と話す機会があって、考え方に少し変化が生まれていた。その人たちは年々商業的になっていることや、出店料が高くなっていること、企業のブースが目立つ位置に配置され、長く活動してきた人たちのブースが端に追いやられているように感じることに不満を覚えながらも、出展を取りやめるのではない方法を模索していた。あるいは、完全に納得しているわけではなくても、参加することに意義を感じているようだった。

イエスともノーとも言えない、「今はまだぎりぎりイエス」のような微妙なニュアンスに共振して、私の考えも揺らぎはじめる。自分の倫理観や信念、これまでの関わり合い、効果、様々な意図と照らし合わせて複合的に判断している人たちに接して、違和感をあらためて点検してみようと思った。そして色んな思いの人がいて、団体が一枚岩でないのなら、距離を取る以外のやり方を試してみてもいいのかもしれないと考えた。たとえば、批判しながら利用するようなやり方はどうだろうと。

参加したのがクィアの出版物に関わる人たちによる有志のブースだったことも後押しになった。私が昨年出した本では、ゲイとして日々感じている怒りや不安を綴っていた。寄稿したばかりのZINEでは、元首相秘書官の荒井勝喜《あらいまさよし》氏の「同性婚、見るのも嫌だ」という差別発言への怒りを書いていた。もしも会場が「ハッピープライド！」と浮かれていても、こうした本やZINEを差し出せるなら、ハッピーではない状況を、雨が降っていることを伝えられるかもしれない。

二〇二〇年からの三年間はオンライン開催や自分の体調不良で足を運べておらず、SNSで情報を得てばかりだったこともあった。それだけだと私はどうしても、良くないと思った対象を悪魔化しがちになる。「納得できないことをする人にもいいところはある」と問題を矮小化してしまわないよう注意は必要だけど、一度別の立場から関わることで気づけることもあるのではないか。

パレードがあるTRPの二日目、開場よりも少し前に原宿駅に着くと、レインボーカラーの洋服や小物を身につけた人たちを見かけた。まばらではあるけれどよく目立って、それ自体が小さなパレードのように見える。流れに沿って、私も代々木公園へと歩いていく。

開場直後から人が多く、時間を追うごとにますますにぎやかになっていった。私のいたブースにもひっきりなしに人が訪れて、来場者の方や遊びに来てくれた友人たちと話し、本を手渡すことができた。

日本で活動しているLGBTQ+、クィアの物書きや研究者の人たちも代わる代わる訪れていた。出版に限らず様々な業界のブースが、こうしたコミュニティとしての役割を果たしているのだろう。TRPとは別の団体がパレードを主催していた頃から出展を続けているところもあるだろうし、今よりも当事者がつながりにくかった時代には、その重要性はさらに大きかったと想像する。

来場者が途切れたところで、沿道に目を向ける。みんな笑顔で、楽しそうに行き交っていた。よかった、と思う。心の中に何を抱えているかは見えないけれど、少なくとも今日は悲しい顔をしていなくてよかった。

それとは裏腹に、やっぱり祝祭的な雰囲気を一歩引いて見てしまう自分がいた。私だって外から見ればその一部だろうに、キラキラした空気がちくちくと背中を刺すように感じられた。だからなるべくブースから出ないで、来てくれた人やブースの人たちと話すことに集中していた。

この日、代々木公園の芝生が広がる広場のほうでは「陰気なクィアパーティ」というイベントも開催されていたという。「キラキラした」TRPのすぐそばで、そうではない人たちの居場所を作る試み。意外とブースが忙しかったのと、自分を陰気なクィアに位置付けていいのか迷ってしまって私は行けなかったのだけど、そのオルタナティブな実践を尊敬する。

Rina Sawayamaの「This Hell」がどこかから流れている。にわかに人混みの密度が濃くなった。間もなくパレードが出発するようで、この辺りは待機場所になっているみたいだった。今年のパレードには三十九ものフロートが出るという。ひっきりなしにやってくる虹色の行列が渋谷の街を彩り、大勢の人が幸せそうな姿を目撃する、その光景を思い浮かべた。パレードを歩く当事者が傷つくことが起こりませんように。その場に居合わせた人たちの記憶に残って、何かが変わりますように。勝手にそう祈る。

風が涼しくなってきていた。終わりまであともう一息頑張るために、コンビニへ飲み物を買いに行こうとブースを出た。パレードを歩き終えたらしい人たちが、安堵した表情でお互いを労っている。

人混みを避けながら歩いていると、後ろから「TRP、最高ー！」という掛け声が聞こえた。「最高」？

振り返ると、青空の下で数十人の人が、曇りのない笑顔で身を寄せ合っていた。揃いのTシャツを着た人たちが、パレードを歩き終えて集合写真を撮っていたのだった。「最高ー！」で、終わりにするなよ。咄嗟にそう思った。

集合写真を撮っていた人、そのパレードに参加していた人と話せたわけではないから、背景に何があり、実際にどう感じていたかはわからない。その立場によっても、言葉の意味は変わってくるだろう。参加者個人よりも、それを取り巻く枠組みを問うべきだとも思う。ただそれでも、自分ならその言葉を選ばないし、その掛け声で笑顔にはなれないと思った。そしてパレードを歩く体験が最高だったとして、そう言えない人たちについて、青空の下にいられない人について知る機会はどれだけあったのか、不安になった。それがないなら、このイベントは何なんだろうと思った。

楽しい時間が終わればまた、政治や日常の場で差別的な発言が繰り返され、傷ついたり怒ったりする日々に戻る。二〇二三年のTRPのテーマは「変わるまで、続ける」だった。「最高ー！」なパレードを続けて、社会はどれだけ変わるだろう？

私はクィアに力があることを知っている。同時に、クィアではない人たちに力があることもちゃんと見ている。楽しい時だけ寄り添って終わりなんてことができるほど、ひとは陳腐ではないと信じている。

二ヶ月後の六月、世界各地でパレードが開催されるプライドマンスに、LGBT理解増進法が成立した。[1] その名称とは裏腹にたくさんの懸念が残る、多くの当事者が求めていた内容から大きく後退したものだった。

ハッピーなパレードが怒りを訴えるデモより多くの人を巻き込めるのなら、商業イベントではなくプロテストであるのなら、今こそ積み上げてきたものを見せてほしかった。最低な時こそ一緒に戦ってほしいと思った。TRPも全国各地の団体と同様に抗議の声明文を出していたけれど、あれだけたくさんの人を巻き込み盛り上がったなら、もっとなにかできるんじゃないかと思ってしまった。

TRPには二日間で二十四万人が来場し、パレードには一万人が参加したという。代々木公園を埋め尽くし、渋谷の街を歩いた人たちは、沿道から笑顔で手を振った人たちは、いま何を感じているのだろう。悲しいニュースがかけめぐるたびに考える。

参考

●佐藤雄＋安田聡子＋坪池順「「ＬＧＢＴ差別の企業の出展はおかしい」ゲイ当事者が『アクサ』と実行委に抗議（東京レインボープライド２０２２）【UPDATE】」『ハフポスト』二〇二三年三月二十四日時点
(https://www.huffingtonpost.jp/entry/story_jp_6263ba93e4b0dc52f496e0cc)

註

［1］二〇二三年六月十六日に国会で成立し、二十三日より施行されたＬＧＢＴ理解増進法には多くの問題点が指摘されている。まず、超党派議員連盟がまとめた案にあった「差別は許されない」の文言が、自民党などの意向により「不当な差別はあってはならない」に変更された。「不当な差別」という表現は「不当ではない差別」があるかのような印象を与えかねず、「許されない」が「あってはならない」に言い換えられたことも、当初の理念を

弱めている。加えて、議論の終盤には「全ての国民が安心して生活することができることとなるよう、留意する」という一文が付け加えられた。耳触りの良い言葉に聞こえるかもしれないが、ＬＧＢＴＱ＋の政策や活動は「全ての国民が安心」できるものでなければならないという多数派への配慮を求めるメッセージを発するものになってしまっている。また、法案の成立をめぐっては、トランスジェンダーの人々の実態とかけ離れたデマや、トランスジェンダーの権利が女性の権利と衝突するかのような歪曲された主張がＳＮＳなどで拡散される状況が激化している。結果として、ＬＧＢＴＱ＋当事者への差別をむしろ助長し、より追い詰める内容になっている。

ありあまるほどの

日差しが暑すぎて死にそうだった。もう三十分近くここで身動きがとれずにいる。サングラスを取り出したかったけど、トートバッグを広げてがさごそと探すためのスペースがない。ためらっているうちにさらに人が押し寄せてきて、ますますそんな余裕はなくなってしまう。

前後左右にいる人の体温を感じる。後ろから押されて腕と腕が触れて、汗でべたついた肌が滑る。汗のにおい、デオドラントのにおい、日焼け止めのにおい、香水のにおい。色んなにおいが混じり合って、生ぬるい空気とともに鼻をつく。ちょっとうんざりする、でも生きている人たちのにおいだった。もうすぐ、二〇二三年のソウル・クィア・パレードがはじまる。

歓声が上がった。人混みの向こうを、ドラァグたちが乗ったフロートが走り抜ける。フロートを撮ろうと、みんながスマートフォンを構える。私もiPhoneを構えたけれど、人混みからではうまく撮ることができない。画角調整に奮闘していると、顔を手で覆った女性が「NO」と叫んでいるイラストが画面いっぱいに写ってしまう。アンチLGBTの団体による、露骨なトランスヘイトのバナー（横断幕）だ。会場のすぐそばに、街中のいたるところに、こうしたバナーが掲げられているのだった。

隣の人の腕がぶつかって、iPhoneの画角がほんの少し上に傾く。すると今度はレインボーのバナーが大写しになる。ヘイトのバナーがある場所には大抵このレインボーのバナーも掲げられていて、はびこるヘイトを上書きしようとしているみたいに見えた。

ソウルのクィア・パレードは例年、アンチLGBT団体などによるヘイトや極右政党による激しい妨害にさらされている。私がそのことを知ったのは『ウィークエンズ』という、ソウルで活動するゲイ・コーラスグループG-Voiceの活動を追ったドキュメンタリー映画を見たことがきっかけだった。この映画の中でも、両者の激しい衝突が記録されていた。「ダーイ、ダーイ、ダーイ、ダーイ！（死ね、死ね、死ね、死ね！）」と、パレードを指差しわめきながら詰め寄ってくる人の姿が映っていて、はじめて見た時は衝撃を受けた。日本では、ここまで直接的かつ大規模な妨害は馴染みがなかったからだ。

一方で、日本でもそれがいつ起きてもおかしくないという懸念は、日を追うごとに強くなっていた。ＬＧＢＴ理解増進法が議論される中、街中でヘイトを見聞きすることも増えていた。もし日本のパレードが妨害を受けた時、どのように抵抗すればいいのか。韓国のクィアたちから学びたいと思った。

ＬＧＢＴ理解増進法の議論とバッシングが熱を帯びるのと同時期に、韓国の事情に詳しい知り合いから「今年のソウル・クィア・文化《カルチャー》フェスティバル（ＳＱＣＦ）がどうなるかわからない」という話を聞いた。韓国最大級のプライドイベントであるＳＱＣＦはこれまで何年もソウル広場を中心に開催していたが、今年は同じ日程に、反対する宗教団体が同会場の使用を申請したのだ。どちらに許可が降りるかわからない状況が続いていたが、開催の一ヶ月前、宗教団体の申請が通り、ＳＱＣＦは会場変更を余儀なくされる。パレードも進行ルートの変更を迫られた。

韓国のクィアをめぐる状況はかなり悪いように見えた。だからこそ、今行きたいと思った。

人混みが少しずつ動き出した。流れに沿って歩いていると、いつの間にか大きな交差点に出た。目の前には「婚姻の平等」を掲げたフロートが待機している。他も気になるけれど、ひとまずここから歩くことにする。

音楽とともに、パレードが動き出す。少し進むとすぐに、ダンスのビートとは異なるリズムの合唱が聞こえてくる。拡声器で増幅された、低く硬質な合唱。声のほうを見ると、黄色いプラカードを掲げた人だかりがあった。韓国語や英語、中国語で「同性愛は罪である」と書かれている。

ソウルのクィアたちを見ると、まったく怯むことなく応戦していた。相手がヘイトを叫ぶのであれば、歓声を上げてその叫びを打ち消す。「ハレルヤ、ハレルヤ」と一心不乱に祈る宗教団体の声に、「ハレルヤ〜!」と陽気に返して無効化する。

否定する声が響くほど連帯を強め、輝きを増していくようだった。K-POPグループLE SSERAFIMの「打たれれば打たれるほど強くなる」がコンセプトの「Antifragile」という曲を思い出しながら歩いた。

フロートから、何度も聴いたことのあるイントロが流れてきた。レディー・ガガの「Born This Way」。たくさんのクィアが、歓声を上げて前方へと駆け寄っていく。ベタだな〜、と反射的に苦笑してしまったのだけど、「同性愛は罪」なんて紋切り型のヘイトを浴びたあとだと、むしろベタなくらいが心強かった。それに、「Born This Way」はキリスト教的な世界観をベースにしながら様々なセクシュアリティやジェンダー、人種の人々をエンパワメントする曲だから、総人口の約三割をキリスト教徒が占める韓国では、日本以上に強烈なメッセージを持って響くのかもしれない。

「Born This Way」の盛り上がりを見届けてから、一緒に歩いていたloneliness booksの潟見陽《かたみよう》さんと後続のフロートに移動した。『LIVE, LOVE, LIBERETE』の文字を大きく掲げたフロートで、アネッサ、ハリケーン・キムチといった韓国のポリティカルなドラァグクイーンたちが踊っている。

音楽のボリュームが大きくて、フロートから離れてもしっかり聴こえる。そして、とにかくヒットソングが次々にかかる。ミーカ、カーリー・レイ・ジェプセン、テイラー・スウィフト……当事者やクィアコミュニティへのサポートを表明しているアーティストばかりだ。ＴＷＩＣＥやRed Velvet、２ＮＥ１などのＫ‐ＰＯＰももちろんかかる。ヒット曲ばかりなので否が応でも体が反応するし、みんななんとなく歌えることも多いので何度も合唱が起こっていた。

全身で楽しむ韓国のクィアたち。最初はただ圧倒されていたのだけど、歩いているうちに胸に熱いものが込み上げてくる。惜しみなく祝福し、大勢で歌い踊る。それが、このフロートの抵抗なのだ。

「私たちにはありあまるほどのアンセムがある」。そんな言葉がふと浮かぶ。一緒に踊れる曲がこんなにもたくさんあること、それはコミュニティが、歴史が続いてきたことの証拠だった。最新のヒット曲が終わると、私が生まれる前の曲が流れ出す。いつかどこかで、この曲で踊ったクィアのことを想像する。音楽で踊っているのではなく、音楽と踊り、ともに歩いているようだった。

次第に、この曲が流れるならあの曲も聴きたい！　と欲張りなことを考えだす。この欲望が、私たちを前進させる。

着飾ったドラァグが「Happy Pride！」と叫ぶ。ベタなプライドソングがまったく違って胸に迫るように、この言葉も東京で聞くのとは異なる響きがあった。その響きは、雨をしのぐ大きな傘だった。ハッピーじゃないことは、たくさんある。むしろアンハッピーなことばかりだ。それでもこう叫ぶことで、陽気に振る舞うことで、生き抜いていく。ただの旅行者で、コミュニティを外から見ているに過ぎない私にも、その政治性はまっすぐに届いた。

私が昨日はじめて歩いたばかりの、誰かにとっては何年も毎日歩いている通りを、パレードは進む。誰かが手を離した風船が喜劇的に飛んでいく。ヘイトに歓声を上げて、「同性愛は罪」のプラカードにカメラを向けてやり返す。


「もうすぐソウル広場です」と、潟見さんが教えてくれた。もともとパレードが使用するはずだったのに、宗教団体に取られてしまった場所。ということは、ここで最大の衝突があるのだろうか……。

身を固くしていたけれど、特にトラブルは起こらなかった。ただ、ソウル広場の東側を通る時、西側の大漢門《デハンムン》前に水色のプラカードと横断幕を持った集団が見えた。何か言っているのかもしれないけれど、広場の端と端なので聞こえない。双眼鏡代わりに、iPhoneのカメラをズームして写真を撮る。一人ひとりの表情もプラカードの文字も判然としないけれど、これまで見たアンチの集団で一番大勢が集まっているように見えた。

ヴィレッジ・ピープルの「ＹＭＣＡ」（振り付き）、マライア・キャリー「Emotions」、アクア「Barbie Girl」……ひたすら陽気な曲を爆音で鳴らして、歌い踊りながらパレードは続く。

ピアノのアルペジオが響く。少女時代の「Into the New World」だ。二〇一六年にソウルの梨花《イファ》女子大学で行われた座り込みデモで、一六〇〇人の警察を前に女子学生たちが腕を組んで歌った曲。それ以来、韓国ではデモの場でよく歌われていて、クィアパレードでも定番のプロテストソングになっている。パレードに参加するなら絶対に聴きたいと思っていた曲だ。

口ずさみながら歩いていく。沿道からレインボーフラッグを掲げている人がいる。見上げると、ビルの上階に入っているカフェから手を振っている人もいる。カミングアウトしたりパレードを歩いたりすることは難しいけれど、たまたま居合わせたような仕方で、それぞれの場所から参加する人もいるのだろうと想像する。視線の先の沿道で、上半身裸の人が乳房切除術の跡を誇らしげに見せながら両手を振っていた。

最後の一小節の手前で、音楽が唐突に途切れる。私たちの合唱がひときわ大きくなって、パレードはゴールにたどり着いた。

達成感で胸がいっぱいだった。近くのコンビニで水とポカリスエットを買ってごくごく飲む。歩き終えた直後は気分が高揚して、それは東京のパレードでもそうだったんだろうと少し思う。

これまでに何度も参加している潟見さんによれば、ヘイトはこれまでで一番少なかったという。後で別の人とも話したところ、「ソウル広場を押さえたことでそっちに人を配置しなければならず、妨害が手薄になったのでは」と言っていた。もし本当にそうだとしたら笑える。そのおかげで、私のはじめてのソウル・クィア・パレードはとても勇気をもらえるものになった。楽しくも毅然とした三万五千人の抵抗が、ヘイトに勝つ瞬間を何度も見た。

もちろん、これは部分的な勝利であって、この先も厳しい状況は続くのだろう。ソウルのような都市部でもカミングアウトできない人は多いと聞くし、大邱《テグ》などの地方では、パレードの参加者よりヘイト団体のほうが人数が多いこともあるという。

それでも、部分的であっても、勝利は希望だ。それは私たちが諦めないための力になるし、その希望は未来へと、別の街へと、必ず波及していく。虚勢のように聞こえても、そう言い切りたい。
あの日聴いた音楽を、覚えている限りプレイリストにまとめた。底抜けに明るい曲たちを再生すれば、陽気にサバイブする強さがよみがえってくる。

参考
●日下部元美「韓国ＬＧＢＴＱパレードを巡る「攻防」　日本より状況厳しく」『毎日新聞』二〇二三年六月二十二日最終更新
(https://mainichi.jp/articles/20230615/k00/00m/030/111000c)
●キム・ギュヒョン＋パク・ダヘ＋イ・スンウク「ソウルに続き大邱まで…クィアフェスティバル相次ぐ受難、韓国の保守自治体の意図は」『ハンギョレ』二〇二三年六月十九日
(https://japan.hani.co.kr/arti/politics/47073.html)

ここにいない誰か

二〇二三年の十月、岐阜市にある本屋メガホンで、店主の和田拓海《わだたくみ》さん、loneliness books の潟見さんとイベントを開催した。

「アクティビズム」をキーワードにした三人のトークと映像作品の上映の二部構成で、前半はＺＩＮＥを作ることやそれを売ること、本屋という場を開くことについて話した。和田さんと潟見さんは、どちらもマイノリティに関する本を扱う書店を運営している。予約制の loneliness books、商店街の中にあってふらっと入れる本屋メガホンと、対照的なそれぞれの特性や考えていることなどを興味深く聞いた。

休憩を挟んで後半は、エイズ・アクティヴィズムを参考にアクティヴィズムを考えるため、Visual AIDS の「Day With (out) Art」の中から三本の短編を上映した。[1] そのうち、

『ダイアナのヘアーエゴ・リミックス』と『POSITIVE WOMEN'S NETWORK』という二つのドキュメンタリーは、「集まること」の重要性を考えさせるものだった。

『ダイアナのヘアーエゴ・リミックス』は、八〇年代からセーフセックスの啓蒙活動を続けてきた美容室「ダイアナズ・ヘアーエゴ」についての作品。当時と現在を比較しながら、ブラックで特にクィアの女性にとって、性に関する正しい知識が得られる場所がどれだけ貴重だったかが描かれる。横線のノイズが走る古い映像に、三十年前のダイアナと、ともに活動を続けてきたバンビの二人が映っている。その映像に、「サロンにいると個人的な話もするでしょ」というセリフが重なる。髪をケアする時間を通して、こうしてセーフセックスの重要性を伝えてきたのだ。

シーンが最近の映像に切り替わる。そこでバンビは声に苛立ちを滲ませる。「三十五年も活動してきたのに、二〇一七年のいま——未だにこのサロンでも大学でも学会でも同じことを言ってる。まるで一九八五年のデジャヴだわ」。この発言の前には、「米国で黒人の人口はわずか十二％にもかかわらず、新規ＨＩＶ陽性者の四十五％はアフリカ系アメリカ人だった」というテロップが流れた。白人の伝染病だった頃は関心が高かったのに、ブラックや他の人種の問題になった今、話題になることが減った、とも。活動が続いていることは、根本的な解決がなされていないことを意味していた。[2]『POSITIVE WOMEN'S NETWORK』は、ＨＩＶと生きる女性とそのアライによる全米規模のメンバーシップ制団体の活動を捉えたもの。映像の中で、メンバーは他愛ないおしゃべりをしながらイベントのための仮面を手作りしたり、シルクスクリーンでトートバッグを作ったりする。そこはＨＩＶとともに生きる女性たちが、落ち込んだり孤独を感じたりした時にふと訪れて時間を過ごせる場所にもなっていた。集まる中でお互いをケアし合い、連帯の絆を深めていくのだ。

上映後のアフタートークでは、参加した人たちも積極的に話をしてくれた。美容師をしている方が来ていて、「話しやすさのためには、体が正面から向き合わないことが意外と重要なんです」と言っていた。それを受けて、私が「何か手を動かして作業できると、話すのが苦手な人でも一緒にいられますよね」と話すと、今度は本屋メガホンが夏に開催したイベントの話になった。スパイスを使ったチャイをつくって飲みながら、セーファースペースについて考えるものだ。[3]映像作品に、ここにいる人の話に触発されて、より安全に集まることのできるセーファースペースのためのアイデアが広がる。発言しなかった人も、話をしている人に意識を傾けて、相槌を打って応答しているのが見えた。
この日のイベントはトークから数えると四時間近くに及び、終わってからも少なくない人が会場に残って誰かと話したり、ZINEや本を見たりしていた。最後の人が帰ったあと、和田さんたちと会場を片付け、外に出る。すると和田さんが「あれがさっき話したソファですよ」と、商店街のほうを指差した。イベント中、本屋メガホンの近くにあるギャラリーが店の前にソファを設置していて、散歩中のおじいさんが休んだりしているという話があったのだ。明らかに室内用の立派な黒革のソファが商店街に置かれている光景はミスマッチで、愉快だった。排除アートだらけの街よりずっといい。

遠い昔から、女性や奴隷、民族的マイノリティー、同性愛者、労働者階級など抑圧された人々は、支配集団の監視のない環境で仲間どうしが集まり、自分たちが置かれた状況を理解し、それに対処する計画を練られる場所や施設をつくってきた。政治学者のナンシー・フレイザーとマイケル・ワーナーは、こうした社会空間を「カウンターパブリック」と呼び、こうした場所は社会から隔絶されているが（そして隔絶されているからこそ）、彼らが不平等な社会に市民的に関与するためには必要不可欠だったと主張する。疎外された人々は、自分とは異なる集団に関与する前に、仲間内だけで集まる場を必要とするというのだ。

社会学者のエリック・クリネンバーグが『集まる場所が必要だ』で書いている通り、マイノリティにとって集まることは重要な意味を持つ。それは美容室だったり、書店だったり、クラブだったり、バーだったり、無料のコミュニティスペースだったり、公園に広げたレジャーシートの上だったりする。

コロナ禍の数年間と比べて人の動きが活発になったこともあるのか、最近みんなが同時に、色々な場所で、色々な方法で、集まることを考えているようにみえた。自由に集まれないからこそ、安心して集まれる方法を探している。そしてその輪を友達や知り合いだけではなく、もう少しだけ開いてみようとしている。

思い出すのは、ソウルへ行った時に参加した「NO PRIDE」のことだ。ソウル・クィア・パレードと同日に開催されたイベントで、パレードに対するカウンターであり、オルタナティブとして行われたものだった。

もともとソウル・クィア・パレードに参加するつもりで韓国を訪れた私は、現地に着いてからイベントの存在を知った。教えてくれたのは潟見さんで、潟見さんもまた韓国で暮らすクィアの友人から聞いたという。イベントのページを開いて、韓国語で書かれたステートメントを自動翻訳してみる。「〝プライド〟が恥ずかしい不法存在のノープライドパーティー」。何か、とてもラディカルなイベントかもしれないと感じた。

東京で生活しながら伝わってくる情報では、ソウルのクィア・パレードはアンチLGBT団体の激しい攻撃を受けながらも、反差別と権利の獲得を最重要視しているように感じていた。東京レインボープライドが商業性を増して見える中だったので、その力強さをうらやましいと思っていた。でも、実際にソウルを訪れてみるとそんなに単純ではなくて、東京と同じように資本主義的だという批判もあった。その中で、こうしてパレードに欠如しているものを補い、その場から排除されているものたちの場が立ち上がっていた。

パレード当日の昼、NO PRIDEの会場になったカフェを訪れた。すでに多くの人でにぎわっていて、時々大きな笑い声が上がる。みんながリラックスして過ごしているようだった。

会場で、韓国の友人がハマムさんのことを紹介してくれた。ハマムさんは日本から韓国に来て八年になるという。ほとんど韓国語がわからない私たちのために、知っている情報を教えてくれたり、韓国語の会話を訳して伝えてくれたりした。

「〝私たちはクィアが正常な社会の肯定と尊重を得ることを邪魔する属性を持つ者たちです。貧乏なクィア、ブスのクィア、ダンスを踊れないクィア、馬鹿なクィア、汚れて不愉快なクィア、犯罪者のクィア、病んでいるクィア、病気をうつすクィアが、私たちにほかならないのです〟……この〝ダンスを踊れないクィア〟って言葉に惹かれたんですよ」

ハマムさんがステートメントを日本語に訳して読み上げる。聞いていると、自動翻訳で読んだ時にわからなかったことが、わかってくるように感じた。自動翻訳だと何が書いてあるのか大枠で理解することはできても、問題意識の根底にある文脈や、そのコミュニティにいる人たちが共有しているのであろう空気を、まったく読み取れなくてもどかしかったのだった。もちろんわかったことはごく断片的なことにすぎないのだけど、この場でハマムさんの話を聞いたことで、少しだけそこにあるものに近づいた気がした。

会場には次々にたくさんの人が訪れていた。部屋の隅に落ち着けそうな場所を見つけて、横並びになって話す。ハマムさんが言う。

「韓国のデモに参加すると、「私たち国民の声を聞け」というコールをよく聞きます。でも、私は国民ではないし、同じように国民じゃない人は他にもいるだろうし。そういう違和感を、ここなら感じなくて済みそうだと思って」

ＮＯ ＰＲＩＤＥのことを知った時、とてもラディカルな試みのような印象を持った。会場に行ったことでその印象はさらに強まったけれど、「ラディカルさ」そのものへの捉え方が少し変わった。ラディカルなものは突如として現れるのではなく、ただそう見えるだけなのだ。それはまだ可視化されていない小さな違和感や不満が積み重なっている場所で、振り切るように、跳躍するようにはじまる。

やがて司会者がステージに上がり、オープンマイクの時間がはじまった。壇上から発せられるメッセージを、ハマムさんが訳して伝えてくれる。途中、何冊か本を出している著名な方がステージに上がって、大きな歓声が起こった。そのスピーチのあと、「有名な人だから拍手が大きいのはおかしいですよね。次の人にも同じだけの歓声と拍手を送りましょう」というようなことを司会者が言った。そうして盛り上がった空気のまま、自然に次の人のスピーチへとつながっていく。

スピーチをする人とそれを聞く人がばらばらでいながら一つに重なるような、やさしくてつよい時間だった。話す人も聞く人も勇気を与えながら与えられていて、見守りながら見守られていた。こうしたエンパワリングな場所から、何かが広がっていくのかもしれないと思う。

オープンマイクの途中で、パレードに参加するため会場を後にした。ハマムさんや知り合った人たちに挨拶すると、みんな笑顔で見送ってくれた。

帰国後、インスタグラムでNO PRIDEのメンバーと連絡を取ったり、イベントに関する記事を読んだりした。ある記事では、「難民、セックスワーカー、HIVポジティブ、薬物使用者など、韓国で逮捕や取り締まりの対象になる人たちは、警察によって保護されているパレードに安心して参加できない」というNO PRIDEのメッセージが掲載されていた[4]。

朦朧とするような暑い日差しの下、パレードを歩いた時のことを思い返す。沿道からヘイトを浴びせてきた人たちの姿、拡声器から硬く響く声。過去にはアンチLGBT団体と直接的な衝突が起こっているし、パレードを安全に開催するためには、今は警察の保護も必要なんじゃないかと思ってしまう。だけどそれによって排除されている人がいるのは事実だし、警察の権力を疑い、頼らないやり方を模索することも諦めてはいけない。

一度にすべてを実現する魔法のようなアイデアはないし、本当にみんなが安心して集まれる社会ができるまでは、何十年、あるいはそれ以上かかるのもしれない。それまでの間、「カウンターパブリック」は求められ、同時多発的に発生し続けるだろう。

完璧な場所も完璧な方法もないから、問い続ける。ここにいないのは誰か。ここにいるのにいないことにされているのは誰か。気づくことができなければ、知ろうとすることもできない。


地下鉄に乗ってパレードの会場へと向かう。改札を抜けると、地下街にまで音楽が漏れ聞こえていた。階段をのぼるとすぐ隣がステージになっていて、ドラァグクイーンがケイティ・ペリーの「Firework」にあわせて踊っていた。動画を撮ろうとして、警察に立ち止まるなと促される。

ソウル・クィア・パレードは、大きくて、カラフルで、賑やかだった。青空の下、自分を肯定された気持ちで歩きながら、NO PRIDEの小さな空間のことを思っていた。

参考

● エリック・クリネンバーグ『集まる場所が必要だ――孤立を防ぎ、暮らしを守る「開かれた場」の社会学』藤原朝子［訳］、英治出版、二〇二一年

註

［1］Visual AIDSはニューヨークを拠点とする非営利団体で、毎年アーティストや活動団体に依頼し制作された新作映像作品を発表する企画「Day With（out）Art」を実施している。本屋メガホンのイベントで上映した『ダイアナのヘアーエゴ・リミックス』と『POSITIVE WOMEN'S NETWORK』は、それぞれ他の作品とともにノーマルスクリーンのサイトで公開されている。

● 『ダイアナのヘアーエゴ・リミックス』（https://normalscreen.org/dwa17）

● 『POSITIVE WOMEN'S NETWORK』（https://normalscreen.org/events/dwa2018）

［2］セーフセックスのための知識やＨＩＶ治療へのアクセスの格差の是正は重要である。と同時に、ここではＨＩＶをめぐる医療技術が大きく進歩していることも補足しておきたい。今でも「死に至る病」というイメージを持っている人がいるが、現在は感染しても適切な治療を受けていれば平均的な余命は非感染者と変わらず、通常の日常生活を送ることができる。また、適切な治療を受けて血液中のＨＩＶウイルスの量が検出限界値未満（Undetectable）であれば、性行為を行っても他人に感染させない（Untransmittable）こ

とがわかっている（U＝U）。非感染者が予防として抗ＨＩＶ薬を服用するPrEPも世界的に広がっている。

［3］同イベントの模様は本屋メガホン発行のＺＩＮＥ『スパイスとセーファースペース』にまとめられている。（https://booksmegafon.stores.jp/items/653634d659c112002e9e3c5f）

［4］ＮＯ ＰＲＩＤＥに関しては以下が詳しい。
나영정「'프라이드'가 부끄럽게 여기는 불법 존재들의 삶과 정치 드러내기」『비마이너』（https://www.beminor.com/news/articleView.html?idxno=25236）
NO PRIDE「2023 노프라이드 파티를 닫으며」（https://nopride2023.my.canva.site/）
また、本文中の指摘に加え、製薬企業ギリアド・サイエンシズ・コリアへの批判が重要な点となっている。グローバル製薬企業のギリアド・サイエンシズはＨＩＶ治療薬や予防薬の特許を独占し、高額な薬価で販売している。その韓国法人であるギリアド・サイエンシズ・コリアはソウル・クィア・パレードのスポンサーなどクィアフレンドリーなマーケティングを行っているが、本当に人権を支持するなら薬価の引き下げが最優先ではないか。また、国家が合法な薬物と違法な薬物の線引きをすることが、様々な問題を引き起こしていないか、という主張である。

無関心について

十月半ばになって、長かった夏がようやく終わろうとしていた。過ごしやすい秋を喜びたいのに今年は花粉症がひどくて、だいたいいつも鼻が詰まって目が腫れていた。

それでも時々、見過ごしてくれているように症状がやわらぐことがあった。そんな日に空が高いと、予定を放り出してどこまでも歩いていきたくなる。人通りが少ない道を選んで、行き先を決めずにただ歩く。体温と気温の調和が取れている。風は強すぎず、日陰にも日向にも違った心地よさがある。日が少し傾いてきて、空気が金色の糸を織り込んだように輝いている。だんだん目や耳が敏感になってきて、あらゆることが妙にきれいに思えてくる。

その夜も、妙にすべてがきれいだった。

仕事を終えて、新宿通りを四ツ谷駅まで歩いていた。駅前にある横断歩道の信号が青になって、交差点を渡りながら右手側へ視線を向ける。ビルの隙間から小さく東京タワーが見えた。夜空に星が瞬いていた。空気が澄んでいて、街明かりも夜の暗さも、何にも妨げられることなくここまで届いているようだった。それで、もう少しだけ歩いてみたくなった。

駅を通り過ぎ、四谷見附橋を渡って東側へ向かう。こちら側に来ることはほとんどないけれど、新しいビルが多かった。にもかかわらず都市的な冷たい印象を受けなかったのは、家に帰る人と多くすれ違ったからだろうか。規則正しく一日を送って、夜になればきちんと眠る街なのだと思った。ひっきりなしに通る車の走行音がホワイトノイズのようになっていて、音はあるのに静かだった。

大通りから脇道に入っていく。駐車場のガードレールに腰掛けたスーツ姿の男性が、セブンイレブンの光に照らされながらカップ麺を食べていた。水色と黄色、色違いのカーディガンを着た二人組が、噂話をしながらゆっくり歩いていた。どこからか金木犀の甘い香りがした。すべてが穏やかで、私自身も穏やかな気持ちでいた。そのことに、少し戸惑っていた。

さらに歩いたところで一度立ち止まり、背負っていたリュックを体の前に持ってきて水筒を取り出す。シャツをはためかせて、背中の熱を逃がす。お茶を一口飲もうと顎を上げると、視線の先に濃紺の空が広がっていた。また金木犀の香りがした。あらゆることが妙にきれいだった。そうしてもっとどこまでも歩いて行きたいと思った時、「知らないでも生きていける」という声が、唐突に頭に響いた。

十月七日のハマスによる攻撃と、その後のイスラエルによるガザ地区への激しい空爆がはじまってから、数日が経っていた。そのことを心のどこかで気にしながら、どうすればいいのかわからずに過ごしていた。私がいる場所は安全で、金木犀の香りに心を許して、どこまでも歩いて行くことも、帰って眠ることもできた。中東で起きていることは複雑で、語るための知識が自分にはないと思っていた。何十、何百の薄い半透明の膜で隔てられているかのようで、五分後に生きているかわからない恐怖に晒されている人たちのことが、とても遠かった。

安っぽい感傷だと思った。自分ってここまで底が浅い人間だったんだと呆れた。その呆れ方もまた傲慢だった。

「知らないでも生きていける」。その声を追いかけるように、またもう一つ声が聞こえた。

「いやだ」。今起きていることを見ないようにして生きるのは、いやだ。それは、自分を決定的に裏切ってしまうことのように感じた。

では、どうすればいいんだろう？　ようやく、自分で考えはじめた。漠然と心を痛めるのではなくて、本を読み、ニュースを見て、発信している人のSNSを追いはじめた。

＊

アラブ文学者の岡真理《おかまり》さんによる講演「ガザを知る緊急セミナー　ガザ　人間の恥としての」のアーカイブ動画を見ていた[1]。当日は仕事で途中からしか視聴できなかったので、後から見返せるのがありがたかった。

「もう、本当に、言葉がありません」

岡さんはそう言ってから、その先週の金曜日に京都で行ったセミナーで、ヨルダン川西岸地区出身のパレスチナ人の女性が語った言葉を紹介した。それは「パレスチナ人が、祖国を喪失して七十五年、ガザと西岸が軍事占領されて五十年、そして、そのガザが完全封鎖されて、今年で十七年目に入る。なのに、いまだにパレスチナ人が犠牲者である、ということを世界に向かって説明しなければならないことに胸が潰れる思いだ」というものだった。

岡さんが東京へ向かっている時、その女性からメールが届いた。女性のガザに暮らす友人のご家族、親族、六十名が亡くなったと書かれていた。

今起きていることはジェノサイドである。きっぱりとそう断言したあとで、岡さんは一時間半以上かけてガザのことを話した。ガザ地区へのイスラエルの大規模な攻撃は今回がはじめてではなく、二〇〇八年から繰り返し行われていること。わずかな土地に二三〇万人が密集して暮らしていて、食糧や水などのライフラインをイスラエル軍に握られ、生存に必要な最低限しか入ってこない「生きながらの死」と呼ばれる封鎖のこと。最新式の兵器の性能を試す実験場になっていること。イスラエル軍の兵士はただ射殺するのではなく、若い人たちに一生障害を負わせるために意図的に脚を狙うこと。一九四八年のイスラエル建国によりパレスチナ人が故国を追放された「ナクバ」から七十五年の間、集団虐殺が繰り返されてきたこと。十月七日を起点とせず、その歴史的文脈を見なければならないこと。「憎しみの連鎖」で語ってはいけないこと。国際社会が認めているはずの権利をパレスチナ人が非暴力のデモで訴えても、国際社会は見向きもしてこなかったこと。ハマスを「人間の姿をした化け物」（human monster）のように非人間化する言葉と呼応するように、「パレスチナ人の生、命など一顧だにしない、する必要がないかのような無差別の爆撃」が進行していること。

私たちの「武器」は言葉とヒューマニティだと、岡さんは話す。

「誤解しないでください。文学によって人間性を取り戻すのはパレスチナ人ではありません。私たちです」

つまり、今起きていることを見て見ぬふりをすることで、私たちは人間性（ヒューマニティ）を自ら手放している。

「いやだ」という、あの夜の声を思い出す。それは、自分の人間性をつなぎとめるための声だったのかもしれなかった。

動画が当日に視聴したところまでたどり着く。講演は、イスラーム中世の神秘主義の思想家、マンスール・アル＝ハッラージュの言葉を引用して終わる。

「地獄とは、人々が苦しんでいるところのことではない。人が苦しんでいるのを誰も見ようとしないところのことだ」

講演後の質疑応答では、最初に「私たちに何ができるのか」という質問があった。教室で、オンラインで、この日に、別の日に、講演を聞いた人たちが、ずっと考えていた問いではないかと思う。岡さんはこの問いに、「何ができるかというよりも、むしろ、今、私たちは「何をしなければならないか」だと思うんです」と返した。

何ができるのかではなく、何をしなければならないか。人間性を失わずに、今起きていることを考え続けるために必要な問い方だと思った。同時に、自分の社会との関わり方を問い直されている、と感じた。

日本財団が十八歳の若者を対象に行っている「18歳意識調査」という大規模な調査がある。この二〇二二年版では、「自分の行動で、国や社会を変えられると思う」という質問に「はい」と答えた人は、日本では三割に満たなかった。他の調査対象国では五〜八割が「はい」と答えているので、大きく差が開いている。「自分は責任がある社会の一員だと思う」という質問に「はい」と答えた人の割合も、五割以下と他国より低かった。

十八歳を対象にした調査ではあるけれど、大人もそこまで変わらないのではないか。もしかしたら、もっと低いかもしれない。投票率の低さや社会運動に向けられる冷笑を見ていると、そう思ってしまう。私だって、「国や社会を変えられる」と思えているだろうか。いつも「変えたい」と「変わると思えない」の間を行き来していた。だから「何ができるか」ではなく「何をしなければならないか」と問うた時、目が覚めたように感じた。

一つ知るごとに、「複雑な問題だから」と、語らずにいたことが恥ずかしくなった。もちろん、起きていることは決して単純ではない。でも、それまでの私はわからなかったのではなくて、ただわかろうとしていなかったのだと思った。どこかで聞いた「中東のことは複雑」という言葉を鵜呑みにして、「複雑そう」だからと遠ざけていただけだった。

知りはじめたばかりだから、わかっていないこともたくさんあると思う。それでも、とにかく今起こっている惨劇は、「イスラエルによる構造的な暴力が、長年にわたってパレスチナの人々の命と権利と尊厳を奪っていて、日本やアメリカやヨーロッパを含む国際社会がそれを容認している」ことが根幹にある。そして今、間違いなくジェノサイドが起きている。だとしたら、私たちは、何をしなければならないか。

*

私のまわりでいち早くパレスチナに連帯し、イスラエルに抗議をはじめたのは、フェミニストやクィアの人たちだった。

そこには、「置かれた状況は異なるけれど、同じ構造が私たちを苦しめているんじゃないか？」と問う姿勢があったのだと思う。お互いがどのように交差するかを探り続けてきた蓄積があったし、いないことにされてきた歴史を持ち、今もその中を生きている一人ひとりは、聞かれない声に応答する重要性を知っていた。自分たちを苦しめる家父長制や人種差別や資本主義や植民地主義に取り組むように、パレスチナの人々を抑圧する構造を解体しようとしていた。

クィアたちは同時に、イスラエルによるピンクウォッシュ（ピンクウォッシング）を批判した。ピンクウォッシュとは、もともとイスラエル政府がゲイフレンドリーであるとアピールすることで、パレスチナへの占領や抑圧を覆い隠そうとすることを批判するものだ。例えば、イスラエルの都市テルアビブは「中東でもっともゲイフレンドリーな街」をアピールし、中東で最大級のプライドパレードを開催している。その「リベラルで人権意識が高い」という「先進的」なイメージは、「パレスチナへの侵略をしている国」という実態を覆い隠す。同時に、パレスチナやイスラーム社会にはホモフォビアやトランスフォビアがあると強調し、相対的に「人権意識が遅れている」と印象付ける。ここでも野蛮化、「非人間化」が行われている。

十一月には、イスラエル公式Xアカウントが「ガザにはじめて掲げられたプライドフラッグ」として、戦車の前でレインボーフラッグを手に笑顔を浮かべるイスラエル兵士の写真を投稿した。ジェノサイドを正当化し覆い隠すために、ここまで露骨に利用してくるのかと思った。

イスラエルはLGBTQ＋フレンドリーな印象操作を行っているけれど、その中からパレスチナ人のクィアは排除されている。パレスチナ人であることで抑圧され、殺されるから。抑圧をしているのは誰なのか、どのような構造的暴力がパレスチナのクィアを苦しめるのか。ちゃんと捉える必要がある。

日本で生きている私も、無関係ではまったくなかった。二〇一三年から二〇一九年までの七年間、東京レインボープライドはイスラエル大使館から協賛を受けていた。二〇一三年のTRPといえば、私がはじめて参加したプライドイベントだった。レインボーリール東京の前身にあたる東京国際レズビアン&ゲイ映画祭も、断続的にイスラエル大使館からの後援を受けていた。ジェノサイドを覆い隠すためのレインボーフラッグは、私のすぐ上にも掲げられていた。批判している人がいたのに、私はそれをちゃんと知らなかった。

ピンクウォッシュはイスラエルのパレスチナに対する占領や抑圧、虐殺から目を逸らさせ、覆い隠すものだ。だとすれば、それが何を隠しているのか、ピンクの向こう側で何が起きているのかを知ることが、最初の抵抗になるのではないか。学び、伝えることで、このプロパガンダを台なしにできるのではないか。


デモに参加したり、イスラエルやその支援をする企業をボイコットしたり、SNSや身近な人との会話で話題にしたりした。その間も一向に終わりが見えなくて、アップデートされた被害の状況を知る時はいつも呼吸が浅くなった。

パレスチナの人々が感じ続けている苦しみ。画面越しにその苦しみに触れると、私も苦しくなる。でも、「わかる」とはまったく思わない。あまりにも途方もないことが起きているから。私もその苦しみをもたらしてきた一部だから。

色んな苦しみが絡まっている。自分の街が瓦礫の山と化した／大切な人を殺された／自分自身の手足を失った人たちの、その激痛を想像して生まれる苦しみ。これまで何もしてこなかったという後悔の苦しみ。今起きていることに対して、ほとんど無力であるという苦しみ。それらをほどきながら、考え続ける。

＊

一体どうすればこの虐殺が止まるのだろう。どうしてこんなにひどいことができるのだろう。そうやって問う時、私たちのこれまでの無関心が問われている。無自覚にその構造を強化してきた責任が問われている。それはイスラエルを批判しながら、日本の植民地主義やレイシズムと向き合う必要性を浮かび上がらせる。

フリージャーナリストの中村一成《なかむらいるそん》は、『交差するパレスチナ』の寄稿の中で、カルカッタ出身の文学者、ガヤトリ・C・スピヴァクの「アジア大陸にはその両端に二つの不条理がある」という言葉を紹介している。

二つの不条理、それは日本とイスラエルを意味する。歴史的責任を認めず、共に生きるべき隣人を頑強に拒み、「西洋」の一員たることを欲する。何よりも特定の人種、民族的集団を「敵」「悪」「劣なる者」などと措定し、「何をしてもいい、どんな目に遭わせてもいい存在」とする発想、まさに剝き出しのレイシズムを国家の「背骨」とする点で、両者は大陸の両端で相似形を成す。

イスラエルはパレスチナ人、日本は朝鮮人や在日朝鮮人、台湾人、アイヌ民族、琉球民族などとの間に線を引き、自分たちの外側にいるとみなした存在を非人間化してきた。日本は植民地支配を行った歴史を持ち、その責任を現在も回避し続けている。「慰安婦」、「徴用工」の問題に誠実に向き合わない。高校無償化制度から朝鮮学校を排除し続け、在日朝鮮人の子どもたちが自らのルーツや歴史を安心して学ぶ権利を奪っている。関東大震災から百年が経ち、小池百合子東京都知事は朝鮮人虐殺の歴史をなかったこととするように追悼文の送付を取りやめている。大きな災害が起こるたびに、「外国人が悪さをする」というデマが流れる。

アイヌや琉球の独自の言語や文化を「野蛮」と見なし、同化政策のもとに伝統と歴史を失わせる。沖縄県民の民意を無視して米軍基地の負担を押し付ける。様々な場で、国籍や人種による差別と排除が行われる。入管法の改悪が進められ、入管施設では暴力が繰り返されている。

無自覚なままで、無関心なままでいる間に、どれだけのことが起こったのだろう。このままでいることは、何を引き起こすのだろう。

*

唐突に季節が変わったような、灰色の寒い日だった。渋谷ハチ公前広場で行われたスタンディングデモに参加していた。十月七日から一ヶ月以上が経っても、状況は悪くなり続けていた。

山手線のドアが開いて、大勢の人と一緒にホームに押し出される。人の波に遮られて、ハチ公口に近い改札にたどり着けない。違うとわかっていながら目の前にある階段を降りて、迷路のような構内を抜け、出られる改札から外に出る。私の嫌いな渋谷。同性パートナーシップ条例などのLGBTQ+フレンドリーな政策を打ち出しながら路上生活者を排除した渋谷区は、日本におけるピンクウォッシュの例としてよく名前が挙がる。

スタンディングには、すでに百人以上が集まっているように見えた。その端に、そっと加わる。

スクランブル交差点にはひっきりなしに広告を流し続ける巨大なディスプレイがいくつもあって、騒音がスピーチをする人の声を何度もかき消していた。内容はところどころ聞き取れなかったけれど、その声の震えはしっかりと届いた。

耳を澄ませながら、通行人の様子を見ていた。写真を撮る人、輪に加わる人、反射的に面白がる人。茶化すような声もあった。でも、大半の人は見ないように、そこに何もないかのように通り過ぎていった。スタンディングの内側と外側で、まったく違う世界があるみたいだった。

刺激の強いコンテンツと快適なサービスがあらゆる問題を覆い隠す小綺麗な街。他者と自分の痛みへの不感症が広がる街。今の日本を象徴しているような光景だった。

そのことをもどかしく思うのは、私自身がつい一ヶ月前までろくに関心を持っていなかったからなのだろう。友人や知人が情報を共有したり、間違いを正したりしてくれなければ、いまだに「複雑な問題」のまま、静観していたかもしれない。通り過ぎる人たちに、パラレルな世界を生きる自分をどこか重ねていた。

激しく明滅する広告の光に、たびたび注意を逸らされる。痛みに鈍感になったり、構造的な暴力に加担していることを忘れさせたりする力は、思うよりもずっと強いのかもしれない。すべて剝がしたはずの薄い膜も、少し他のことに気を取られているうちに元通りになる。

スタンディングの内側と外側、その境界線に立っていた。両面に別の言葉を書いた、プラカード代わりの段ボールをリュックから取り出す。スタンディングの輪には「Free Palestine」、外側には、ただ通り過ぎる人たちに向けた言葉を掲げた。無力さに慣れないで。暴力に慣れないで。忘却に慣れないで。現実に起きている虐殺に慣れないで。そんな言葉。

*

これは十月七日から最初の一ヶ月と少しの間に、私が感じたことを記録したものだ。その後、イスラエル軍とハマスは十一月二十四日から一週間の戦闘休止を行ったが、十二月一日に再開された。私はデモに参加したり署名をしたりし続けた。パレスチナだけでなくスーダンやミャンマーなどでも虐殺が起きていることを伝える人の投稿が流れてくるようになり、その問題も知るようになった。

何年か前に読んだイスラエルの作家のことを思い出して、最新のインタビューを読んで複雑な気持ちになったりもした。ガザ侵攻で殺されたパレスチナの子どもに哀悼の意を示し、自国民からバッシングと脅迫を受けたこともある人だった。ＬＧＢＴＱ＋や女性、人種的マイノリティなどの権利を訴えてきたアーティストたちが、パレスチナについては沈黙しているのをたくさん見た。

脱植民地化について学び、自分が西洋中心主義的な価値観を身につけていたことに気付いた。考え方を問い直す必要性を認識して、少しずつ変化しているのを感じている。

年が明けても、冬が終わっても虐殺は終わらなかった。その間に、各地でさまざまな動きがあった。デモはどんどん規模が大きく、多様になった。ガザで亡くなった人たちを追悼するため、集まった人たちが赤い涙を描きながら犠牲者の名前と年齢を読み上げた。一人で街頭に立ち続ける人がいた。ＢＤＳ運動[2]が世界的に盛り上がる中で日本の展開として、伊藤忠アビエーションと日本エヤークラフトサプライに、イスラエルの軍需企業エルビット・システムズとの協力覚書を終了させた。十一月に渋谷で感じたのとは違う空気が、少しずつ広がっていった。

日本政府はいつまでもイスラエルに停戦を要求せず、むしろその攻撃を支持し続けた。強く批判しないのは、日本も同じようなことをしたいからではないかと思った。防衛省はイスラエル製の攻撃用ドローン——パレスチナの人々で「性能」を試したもの——の導入を検討している。日本は防衛費を大幅に増やし、安全保障政策を大きく転換させている。諸外国と連携しながら戦闘機や兵器の開発を進めようとしている。新しい「戦争」が近づいていると感じる。

群馬県高崎市にあった、戦時中に日本で亡くなった朝鮮人労働者を追悼する碑が撤去された。「記憶　反省　そして友好」と標された追悼碑だった。政府は「永住者」の在留資格を持つ外国籍住民が税や社会保険料を納めない場合などに、永住許可を取り消せるように入管難民法を変え、日本で生活している外国籍住民をより不安定な立場に追いやろうとしている。非人間化した存在への想像力を積極的に失わせ、排外主義がナショナリズムを肥大させる。

TRPはBDS対象となっている企業をスポンサーに迎え入れながら、「ピンクウォッシュへの加担ではないか」という批判を撥ね付けた。「いのち輝く未来社会のデザイン」をテーマに掲げる大阪・関西万博に、いのちを奪い続けているイスラエルが参加を表明している。

十月七日から半年が経っても終わらなかった。また新しい日が来て、また新しく誰かが殺される。

参考
●岡真理『ガザとは何か――パレスチナを知るための緊急講義』大和書房、二〇二三年
●在日本韓国YMCA編『交差するパレスチナ――新たな連帯のために』新教出版社、二〇二三年
●〈パレスチナ〉を生きる人々を想う学生若者有志の会「ガザを知る緊急セミナー　ガザ　人間の恥としての（2023年10月23日）」『YouTube』二〇二三年十月二十四日
(https://www.youtube.com/watch?v=-baPSQIgcGc)
●日本財団「18歳意識調査　第46回「国や社会に対する意識」（6カ国調査）」
(https://www.nippon-foundation.or.jp/app/uploads/2022/03/new_pr_20220323_03.pdf)

●イスラエル公式X　二〇二三年十一月十三日の投稿
(https://twitter.com/Israel/status/1723971340825186754)

●Queers in Palestine（https://queersinpalestine.noblogs.org/）

●〈パレスチナ〉を生きる人々を想う学生若者有志の会「伊藤忠はイスラエルの〝死の商人〟エルビット・システムズと手を切れ！　#ShutElbitDown」『Change.org』
(https://chng.it/BZrbbTyW5b)

註

［1］このセミナーは十月二十日に京都大学で開催されたセミナーの内容と併せて、『ガザとは何か』として二〇二三年十二月に大和書房より書籍化された。

［2］ＢＤＳ運動とはイスラエルに対するボイコット（Boycott）・資本引揚げ（Divestment）・経済制裁（Sanctions）を求めるキャンペーンのこと。市民の行動によってイスラエルに圧力をかける手段として広がっている。

安全なファンタジー

刑法百七十五条により男性同性愛が禁じられていた戦後のドイツを描いた映画『大いなる自由』は、公衆トイレに隠された監視カメラが、個室へ入っていく男たちを捉えたショットではじまる。香港の映画『叔・叔 スク・スク』では、退職を間近に控えたタクシー運転手のパクが、仕事の途中に訪れた公園のトイレで隣の男を横目で物色する。一九九五年の宇都宮を舞台にした千葉雅也の小説『エレクトリック』では、高校二年生の達也が街にある唯一の「ハッテン場」であるトイレの存在を知り、足を運ぶ。

ゲイが主人公で、ハッテン場が出てくる作品を偶然立て続けに見た。それが男性同性愛者の文脈でいかに重要か改めて知ると同時に、私は私自身のある記憶を思い出した。こんなことをどうして忘れていたんだろう、というような話を。

ハッテン場とは、「匿名性のもとで男性同士の性交渉が成立できるような空間」を指す。客が宿代や入店料を払い中で遊ぶ「専用ハッテン場」と、公共空間が転用される「転用（流用）ハッテン場」に大別でき、公衆トイレや公園、映画館などが転用ハッテン場に含まれる。

ノンケ＝そのケのない人も知らずに利用する転用ハッテン場では、トラブルが絶えなかった。警察や施設主と揉めることも、「ホモ狩り」と呼ばれるゲイを標的にした暴行・殺害事件が起こることもあった。吉田修一『最後の息子』では、主人公の友人が公園で「ホモ狩り」に遭い殺害されている。現在でもYouTubeで「ハッテン場」と検索してみれば、視聴数を稼ぎたい非当事者が面白半分で配信している潜入動画がヒットする。

近年はマッチングアプリなどが主流になり、ゲイの出会い方も変化してきた。それでも、現在でも転用ハッテン場を利用する人はいる。それは、その場所が規範やアイデンティティの抜け穴のような「あわい」として機能してきたからだろう。ゲイとしてセクシュアル・マイノリティについての取材執筆を行う宇田川しいが、社会学者の石《いし》田《だ》仁《ひとし》にハッテン場について聞いた記事では、次のように説明されている。

ゲイであることを自らが受け入れられていない男性には、ゲイ専用施設を利用すること自体に抵抗があるかもしれない。特に若いＭＳＭ（引用者注：Men who have Sex with Men、性的指向に関わらず男性と性行為をする男性のこと）の中には「お金を払って入ったら自分は完全にゲイになってしまうかもしれない」と思う人もいるだろう。アイデンティティに関わる問題でもある。

流用ハッテン場であれば、「自分はたまたまそこに行っただけだが、たまたま居合わせたゲイにセックスをもちかけられ応じただけだ」とか、ハッテン場とされるスーパー銭湯に行って何も出会いがなかったら「お風呂に入りにいっただけだ」と納得することができる。〝だから自分はゲイではないのだ〟と自分に言い聞かせることも可能なのだ。

千葉雅也『エレクトリック』には、通っている塾のすぐ近くにある雑居ビルの中にハッテントイレがあることを知った達也が、「ここをうろうろしていたらそうだと思われるんじゃないか」と恐怖を感じながらその場所を目指す、微妙な意識の流れが細かく書き込まれている。達也はそこで「急にトイレに行きたくなって、ここを見つけたのだ」と、自分自身に対しても偶然を装おうとしている。

偶然、トイレに行きたくなっただけ。偶然、見たい作品が上映されていただけ。偶然、近くに公園があって散歩したくなっただけ。そして偶然巻き込まれただけ。そんなふうに言い訳を用意しておけば、自分自身にも、「そうだと思われ」た時にも言い訳ができる。

同意のない行為が許されないのは大前提だ。その上で、転用ハッテン場は社会的な偏見や抑圧からの隠れ蓑として、内面化されたホモフォビアをハッキングする装置として、セクシュアリティの混乱を許す揺り籠として機能していた。男性とセックスしたいという欲望、ゲイやバイセクシュアルなどのアイデンティティを受け流しながら、匿名性のうちに衝動を果たすことができた。


ポルノサイトを見る時、入り口で「あなたは18歳以上ですか？」と尋ねられたり、生年月日の入力を求められたりする。カーソルを操作しながら、これっていくらでもごまかせるよな、と思う。実際、私も「18歳以上ですか？」という問いに、「いいえ」と答えなければならなかった時期がある。最初こそその嘘が誰かにバレてしまうのではないかと不安になったけれど、次第にそんなことは起こらないとわかり、何も感じなくなっていった。

「はい」を選んで辿り着いたページで、自分と世界の欲望にかたちが与えられた。ハッテン場のような場所があると知ったのも、あの無数のページのどこかだったかもしれない。

家から離れた学校に通っていたので、バスと電車を乗り継いで通学していた。

バスは駅前の大きなロータリーに停車して、たくさんの人を降ろしてはまた乗せていく。私が利用していたのは四番乗り場で、その中でも発着の本数が多くない路線だった。一度乗り過ごせば次に来るのは三十分後で、よく待ち時間を持て余した。

バス停に並んでただ過ごすこともあったけれど、なんとなく退屈した時に、たまに行く場所があった。バスロータリーの隅にある、薄暗い公衆トイレだった。そこは商業ビルとそのビル専用のゴミ捨て場に挟まれていて、いつも人気《ひとけ》がなかった。ほとんどの人はその商業ビルの中のきれいなトイレを利用していたし、私もそっちを使うことが多かったけれど、公衆トイレの静けさと、温度が少し低いような不思議な空気の冷たさがどこか落ち着いて、時々足を運ぶことがあった。小便器の前で制服のズボンの前を開け、イヤホンから聴こえる音楽が一曲再生し終わるまで、ぼうっとして過ごしていた。

この場所がそうなのかどうかを確かめたことはなかった。それらしい大人を見かけたこともなかったし、おそらく違ったのではないかと思う。そもそも、学校帰りで私は制服を着ていた。もしも隣にその目的を持った大人が来ても、普通なら何もしてこないだろう。実際に何もなかったけれど、万が一手を出されたとしたら、私は「そうじゃない」のカードを急いで切ったと思う。

検索ワードを打ち込めば、本当にそういう場所へ行くこともできただろう。だけどそれは、後戻りのできない行為に感じられた。「そんなつもりではなかった」と言えばいくらでも身を翻すことができる場所に留まりながら、「そうである」と打ち明ける可能性を握りしめているだけで精一杯だった。そしてそんな状態が、ある種の安全なファンタジーを希求した。ごっこ遊びをしていたのだ。好奇心と恐怖心が反発しあい、行動が矛盾だらけになる中で編み出した遊び。その奇妙な寄り道で私は時間を稼いでいたし、それ自体が抜け道にもなっていた。

通学カバンには二×二列のルービックキューブのストラップをつけていた。私はこの簡単なルービックキューブすら完成させたことがなくて、赤やオレンジや緑がいつもモザイク状に散らばっていた。一面を揃えることはできても、そのあとどうすればいいのかがわからなかった。もて遊んでいるうちに、揃っていた面がばらばらになってしまう。だけどその裏で、意識していない別の面があと一手で揃いそうになっている。

セクシュアリティの混乱は、抑圧された苦しみとは違っていた。苦しみはむしろ、混乱を抜けた先で待ち構えていると予感していた。遅延させるために、気づかないふりをしていたのかもしれなかった。

「昨日こいつがメールでハート使ってきてさー」

授業と授業の合間の短い休憩の時間、友人たちの前でTからそう言われた時、私はどのように弁解しただろう。Tの声は茶化すというよりも、裏切られた時のものに似ていた。なにげなく使ったのではなかった。男同士なのにハートを使うって変かな、という迷いと、でも使ってみたいような気持ちの両方があって、後者がわずかに上回った時にそのまま送ったのだった。いや、実際には後者が上回るように、自分で自分をごまかしたのかもしれない。男同士の友愛でハートを使うこともあるだろう。学校でもよくつるんでいて、放課後もこんなにメールをしているんだから。誰にも気づかれないように、天秤にそっと指をのせるようだった。その指で送信ボタンを押した。

彼に惹かれているとは気づいていなかった。男女だったらすぐにそうだとわかったのかもしれないけれど、ハートマークを使いたい気持ちは、ただハートマークを使いたい気持ちでしかなかった。

振り返ってみて、あれって恋愛だったんじゃないか？　と思うような十代の経験は、ほかにもいくつかある。ちゃんと自覚したのはごく最近で、それまではなんだかよくわからず、仲良くなりたい気持ちが強くなると痛みを伴うことがあるんだ、くらいに認識していた。

ゲイをカミングアウトした有名人のインタビューで、「恋愛の話になった時に違和感があった。そのうち、自分は男の子に惹かれることに気づいて……」という話をよく読む。その語りに、うまく自分を重ねられない。「男の子に惹かれる」ということと、友情との区別がつけられずに混乱していたし、同年代よりも大人の男性に魅力を感じても、それはそれで「大人になることへの憧れ」との区別が難しかった。私だけなのだろうか。そんなふうだからなのか、今でも友情と性愛の間にはっきりと線を引くのが難しいと感じる。自分の感情が信用しきれないので、相手の感情に注意を向けて、状況を見ながらどう振る舞うべきかを判断している。

誰かを好きになることよりも、男性に抱く性欲のほうが、当時の自分には圧倒的にリアルだった。ただ、どれだけリアルな感覚でも、周囲が違う行動をとっていると自信をなくしてしまうことがある。同級生の誰かが性的な話をする時、私の中に湧き上がってくるものが女性に対してなのか、そうした言動をしている男性に対してなのか、判断を保留していたことがあった。女性に対して、と言うにはまわりくどい気がしたけれど、強弱があるだけでみんなそうなのかもしれないと思っていた。

代替のように男同士でやってみた、という話を聞くことがあった。笑い話として語られているので笑い話として受け取りながら、すごく真剣に聞いていた。よく聞く話のわりに自分にはその機会が訪れないことに、何かが漏れ出ているからではないかと不安になった。

ゲイの人たちと青年期の話をすると、男子ばかりの空間で無自覚の偏見を受けて傷ついた話をよく聞く。私はもっと狡猾だったな、と思う。環境に適応し、馴染む振る舞いが板についていた。そのことについて、ごめんなさい、と思う。だけどそれがいつの、誰に対してのものなのかがよくわからない。対象を見失っている謝罪など謝罪とは言えないのに、罪悪感だけがある。

それに、いくら狡猾に過ごしていても傷つかないわけではなかった。Tの非難めいた声を聞いた時、私の欲望はこの場で叶えようとしないほうがいいのだと悟った。そうして、ますますファンタジーを大きく甘く育てていった。

その日もバスを乗り過ごしてしまって、ロータリーの片隅のトイレでぼうっとしていた。トイレには今日も私しかいない。プレイヤーのバッテリーが切れていたのか、音楽は聴いていなかった。ロータリーを通り過ぎる靴音や、鳩の群れがいっせいに飛び立つ音が、壁の向こうで響いていた。

近づいてくる靴音が聞こえた。輪郭のぼやけたその音が、ある地点から締まった硬質な音に変わる。こつ、こつ、こつ。そして、私の隣の小便器で音が止まった。

顔を動かさず、右目の端でその人を捉える。ローファーと、私と同じような学生服のスラックスが見えた。

しばらくの間、そうして隣り合っていた。自分が意識されているのを強烈に感じた。どうすればいいかわからず、「偶然ここにいただけだ」と言い聞かせながら、平静を装って小便器を離れた。

手洗所の横を通り抜けて歩く速度を早めようとした時、「待って」と後ろから声がした。体がすくんで、立ち止まる。振り返ると、坊主頭の学生がこちらを見ていた。顔立ちからして、私よりも一つか二つ上だろうか。でも、体は彼の方がずっと大きかった。

呼び止めておきながら、言葉を用意していたわけではなかったらしい。大きな瞳が宙を泳いだあと、少しの間があって、再び目が合う。

「君も同じじゃないのかと思って……」

硬直して何も答えられなかった。私はきっと引きつった顔をしていたと思う。立ち尽くしていると、「いや……ごめんなさい」と言って、彼はそのまま立ち去った。私のバス乗り場とは反対方向だった。

少し離れた場所に移動して、彼が戻ってこないのを確認した。家のある場所を知られるのではないかと思うと怖くて、直前までバス停には並ばなかった。コンビニかどこかで時間を潰して、発車直前に飛び乗った。心臓がどくどくと脈打っていた。

それからそのトイレからは足が遠のき、街で坊主頭の人を見るたびに彼ではないかと思った。でも、いつの間にか忘れていった。

　昔の話だ。インターネットはあったけれど、正しい知識に触れることも、十代で自分と似た人に出会うことも難しかった頃の話。二〇〇〇年代のバックラッシュ以降の話。ゲイの可視化によって消えていく後ろめたい話。語られないだけで、今も場所や方法を変えて似たようなことがあるのかもしれない話。

　あの時は、安全なファンタジーが破られたことにただ動揺していた。彼が抱えていたはずの孤独と混乱に、私は気づかなかった。

参考
●千葉雅也『エレクトリック』新潮社、二〇二三年
●石田仁『はじめて学ぶLGBT——基礎からトレンドまで』ナツメ社、二〇一九年
●セメントTHING「『大いなる自由』が現代に問うもの。戦後西ドイツ、反同性愛法下で投獄され続けた男が求めた愛と自由」『CINRA』二〇二三年七月四日
(https://www.cinra.net/article/greatfreedom_gtmnm)
●宇田川しい「ゲイにとって〝ハッテン場〟はどんな意味を持つのか。社会学者、石田仁さんに聞く」『ハフポスト』二〇一八年五月五日
(https://www.huffingtonpost.jp/entry/gay-hatten_jp_5c5d6be1e4b0974f75b2682d)

未来がない気分

二十代の半ばくらいまでは、忙しい日が続くとよく高熱を出していた。立て込んでいた仕事や遊びの予定が一段落した時、隙を突かれたように発熱するのだ。生き急ぐ自分を、体が無理やり休ませようとするみたいだった。

起きると首筋のリンパ節が腫れていて、呼吸が熱く感じられる。悪寒がして、体温を計ると三十八度や三十九度。その日は丸一日寝込むことになる。コンビニで飲み物や好きな食べ物を買ってきて、適当に食べてすぐに布団を被る。リンパ節が痛む時は、冷凍庫から保冷剤を取り出して、薄いタオルにくるんで首筋に当てる。こうすると少しだけ楽になる。それで眠って、起きたら何か食べて、すぐにまた眠るのを繰り返す。

回復に専念できるなら、高熱を出すのは意外と気持ちよかった。火山にでもなった気分だった。汗をたくさんかいてTシャツが濡れている。二リットルのポカリスエットに直接口をつける。ペットボトルの中で液体が波打つ重さを、腕の筋肉で受け止める。だるい。でも、体が勝手に生きようとするのを感じる。

ここ数年はそんな高熱を出すこともなくなっていたけれど、夏に久しぶりに三十九度近い熱を出した。コロナだった。焼けたように涸れた喉にひどく痰が絡んで、気道を塞がれて苦しかった。誰かが言っていた「溺れるみたいなつらさ」という形容がぴったりで、死ぬ、と何度か本当に思った。

全身のリンパ節が痛かった。保冷剤をタオルにくるんで首筋に当てる。感覚が麻痺してきたら、脇の下、太ももの付け根、と少しずつ下に移動させていく。

もっと冷やしたくて、スウェットの内側に入れる。太ももに保冷剤を押し当てると鋭い冷たさが走って、全身に寒気を感じる。でも、すぐに布団のあたたかさが戻ってくる。暑いのか寒いのかよくわからなくて、鳥肌が立つ。石のように硬い保冷剤とやわらかいタオルが同時に肌の上にあって、感覚が混乱する。

ゆるく包んだタオルの中で保冷剤が滑る。このあたりを冷やしていると、小さい頃に風邪をひいた時、親から「股の間を冷やしなさい」と言われたことを思い出す。「熱がこもると精子が弱るから」というのが理由だった。

はじめて聞いた時は、え、そうなんだ、とそれなりに不安になったけれど、今となっては心底どうでもよかった。絶滅したかもしれないし、まだ生きているかもしれない。自分には関係ないことだと思う。

「生産性」があると大変だ。高熱で悶えている時に、未来の心配までさせられるのだから。

三十九度のうわごと。未来がない気分。夢を見ずに眠った。

目覚めるとタオルから抜け出た保冷剤はすっかり溶けていた。ビニールの表面が太ももに張りついて気持ち悪い。剝がすとぬるくてやわらかく、保冷剤じゃないみたいだと思う。

寒気がした。また熱が上がってきていた。

男性への愛（切り裂いて）

東京が高熱を出しているような日だった。神楽坂の駅前ではお祭りをしていたけれど、冷やかしもせず通り過ぎる。太陽を背にして、名前があるのかわからないゆるやかな坂を下る。喧騒から遠ざかる時、何かから逃げているみたいな気分になった。

神田川を越えた先の路地裏に、ギャラリー「WAITINGROOM」はあった。行われていた展示は、高田冬彦『Cut Pieces』。入り口は目隠しされて中が見えなくなっていて、一瞬躊躇したあとドアを開ける。薄暗い。そして涼しかった。

すぐ目の前の壁に掛けられたモニターに、映像が流れている。ちょうどエンドクレジットにさしかかるところだったので、終わるのを待って、最初から視聴する。

木陰でまどろむ青年の夢の中に、一羽の蝶が現れる。蝶は銀色のハサミと一体化していて、刃を開閉させると蝶も羽ばたく仕組みになっている。蝶＝ハサミはひらひらと青年のもとへたどり着くと、ジョキジョキとそのシャツを切り裂いていく。映像には、蝶＝ハサミを動かす手が映り込む。この手は誰のものなのか。画面外にいる誰かなのか、鑑賞している私たちなのか、それとも青年自身なのか。

《Butterfly Dream》と名付けられたこの映像作品では、オノ・ヨーコの《Cut Piece》が参照されている。

《Cut Piece》は、オノが自分の身につけている衣服を、観客にハサミで切り取らせるパフォーマンスだ。『Cut Pieces』のステートメントによれば、《Cut Piece》は「パフォーマンス・アート史において「見る／見られる」欲望や、能動／受動の問題を問いかけた最初期の例として、よく知られている」。白人男性が主流だった一九六〇年代のニューヨークのアートシーンで、オノは「見られる」という受動的な立場を能動的に引き受けることで、「見る」存在を、そしてその暴力性を可視化した。

《Butterfly Dream》は、ここにさらにもう一つのモチーフを重ねる。蝶になって飛んでいる夢を見たが、あれは本当に夢だったのか、それとも現実だと思っている人間としての姿が夢なのか――そう思考する中国の故事「胡蝶の夢」だ。これによって「見る／見られる」、「見たい／見られたい」といった要素が、夢の中でまだらに混ざり合う。

それぞれのポジションにどんな存在を割り振るか、その解釈は鑑賞者に委ねられている。私は、青年が「見る」「見られる」を一人二役でこなしていると考えた時に、もっとも感覚的にわかる気がした。

それは自分がゲイであることと関係しているのかもしれない。他の人がどうなのかは知らないから、一般化はできない。でも、ここで表現されているロマンティックな感覚が、自分の感覚と似ている気がした。見る喜びと見られる喜びが表裏一体になっていて、一人二役をこなすのも、二人で一つの役を演じるのも同じであるような甘くて危うい混乱、というか。そんなふうに自分勝手に読み解いていくと、ハサミの刃や蝶の羽がシンメトリーなパーツで成り立っていることも、特別な意味を持っているように思えてくる。


左を見ると、蛍光イエローのテニスボールが散らばる中に、三台のブラウン管テレビが置かれている。ブラウン管に映っているのは、白いテニスウェアを着てラケットでボールを打ち返し続ける男性の姿。そのハーフパンツの内側はピンク色に発光していて、男性が動くたび股間のシルエットも揺れる。

とびきり悪趣味と言えばそうだけど、見ている時に込み上げてきた笑いと欲望が入り混じったような感覚は、これがはじめてではなかった。気まずくなりながら、作品をじっと見続けてしまう。タイトルは《Dangling Training》。試合ではなくトレーニング。決着がつかないまま、揺れる時間だけがただ持続する。

ボールを打ち返す乾いた音に、甘美なクラシックが重なって聴こえているのに気づいていた。音楽に誘われるように、暗く細い通路を進む。

目の前に現れた大型のモニターの中では、サラリーマンのような姿の六人の男たちが、お互いのスーツを楽しそうにハサミで切り裂きあっていた。展示のメイン作品《Cut Suits》だった。

フレッシャーズスーツのCMみたいなピンク色のライティングの中で、男たちの体からスーツの破片が舞い落ちる。ネクタイの先端をハサミで切り取る。ワイシャツの布をつまんで根元を切って、胸のあたりにまるい穴を開ける。ジャケットの腕の部分が、体勢を変えた時にすとんと落ちる。膝から下のスラックスが切り取られて、半ズボンみたいになっている。

やさしい顔で、鋭利な刃を、相手を傷つけないように向け合う男たち。六人のスーツがズタズタになり、布よりも肌の面積の方が多くなって、映像は終わる。束の間の静寂と暗転。そして再び冒頭から映像が流れ出す。綻びのないスーツを着た男たちが、お互いに最初のハサミを入れていく。やさしく切り裂き合う。モニターの手前には、何十着、何百着ものスーツの残骸が山のように積もっている。

男たちが身につけたスーツを互いに切り裂いていく――《Cut Suits》の概要をSNSで見つけた時、想像したのはもっとポリティックな作品だった。スーツという記号で表現された「男らしさ」を、男たちがみずから解体していくような。

しかし実際に目にすると、それだけではない印象を抱いた。なんというか、男らしさに対する敵意みたいなものがなかったのだ。「ホモソーシャル」という言葉がまとってしまう、あの暗さがなかった。

かといって、「よりよい男らしさ」を単に目指しているわけでもなさそうだった。ただ、「男性への愛」がピンク色に充満していた。

それはゲイ的なユートピアにも思えて、モニターの前で、私は自分の「男として男を愛する」感覚の中心を貫かれた気分になった。スーツとか股間とか、記号的な男性性に反応しすぎていて滑稽な気もする。だけど、そんなもんなんだな、とも思った。ただの記号なのだ。

「男性への愛」に満ちた空間で、男たちがハサミ＝まなざしをやさしく向け合う。繰り返される映像は、鑑賞する男たちにもハサミを握らせる。扱いに慣れている者もいれば、その時はじめて手にする者もいるかもしれない。ハサミは、自分や相手に身体があることを意識させる。そして隣にいる誰かの手つきは、その身体が打ち負かすためではなく慈しむためにあることを学ばせる。

やがて、ハサミを向けられる喜びとハサミを向ける喜びが溶け合っていく。あなたを切ると、切られたあなたの喜びがわかる。あなたに切られると、切ったあなたの喜びがわかる。一人二役をこなしているような、二人で一つの役を演じているような、甘くて危うい混乱。その中で、鎧のようなスーツの呪いはほどけていく。

スーツの裂け目から世界が裏返る気がしてくる。そこに立ち現れるのは、ゲイが男たちを包摂した世界だ。適切な距離感ばかりがうまくなった社会がゲイを「包摂」しようとする、そんな現実とは真逆の世界。距離を失って、「男らしさ」が崩れていく。説得や手続きではなく、愛ある誘惑によって自壊していく。

《Cut Suits》の中で、男たちはエゴイスティックに、ナルシスティックに、愛に専念している。それは、誰かを救うことを目的としていない。「よりよい男らしさ」を目指さない。作品から救いや男らしさからの解放を感じるとしたら、それは単に、愛の結果なのではないかと思う。ここでは愛し合うことそれ自体が目的になっている。この隔絶されたユートピアは、愛の最深部であり、行き止まりでもある。

映像が終わり、また最初から再生される。何度も何度も。行き止まりで、ささやかな救いや解放が起こる。それはゆっくりと現実を侵食していくかもしれない。モニターの手前には、スーツの残骸が山積している。ピンク色の映像空間から押し出されてきたみたいに。

展示は、さらに奥にもう一部屋あった。クラシックが漏れ聞こえるだけの静かな部屋に、《Butterfly Dream》《Cut Suits》の絵コンテのような、作家自身による解説付きのドローイングのような作品が飾られていた。

《Cut Suits》のドローイングに書き込まれていた言葉を読む。

「男たちは、キスするみたいに（舌を動かすように）ハサミを動かす」

「新しく生まれ変わる」

最深部から入り口まで、逆再生するように戻っていく。ドアを開けると眩しい。そして蒸し暑かった。東京が高熱を出しているような日だったけれど、風がわずかに変わっていた。

参考
● 高田冬彦『Cut Pieces』於・WAITINGROOM
（https://waitingroom.jp/exhibitions/cut-pieces/）

プレイリスト

　ここ数年、ＳＮＳから新しい音楽を知ることが多くなっている。友人がインスタのストーリーズに設定した何十年も昔の曲を良いなと思うこともあるし、数時間前にリリースされたばかりの新曲が何度も流れてきて、そんなに言うなら、と聴いてみるのも楽しい。新曲が出た時にいつもわっと盛り上がるのは、私のタイムラインだとビヨンセとか宇多田ヒカルとかの国内外のディーバか、aespa、NewJeans のようなＫ－ＰＯＰが多い。ファンダムの熱量を感じる。それ以外だと、去年はトロイ・シヴァンの「Rush」のＭＶが公開された時に色んな人が反応していたのが印象的だった。

　メルボルンのゲイクラブでの体験から生まれたというこの曲のＭＶは、クィアな若者たちが性と生を謳歌する熱気と疾走感で満ちている。ゲイをカミングアウトしているトロイは、これまでも男性同士の性愛を歌ってきたけれど、今作で一段とギアが上がったように見える。「新たなゲイアンセムだ」という歓喜のメッセージとともにYouTubeのリンクを投稿する人もいれば、圧倒されつつ一歩引いて見ている人もいた。

私はどちらかというと後者だった。最初は惹かれたけど、何度か続けて見ると、海辺で一日中強い陽射しを浴びたあとみたいにぐったりしてしまった。「Rush」のMVは公開後、登場するのが痩身や筋肉質な若者ばかりであることを批判されていた。見たあとにぐったりしてしまったのは、そこに排他的な何かを感じ取ったからなのかもしれない。

数ヶ月後、二作目のリードシングル「Got Me Started」のMVが公開され、前作ほどではないけれど、またSNSで何人かがつぶやいていた。火照った肌を撫でる夜風のような、撫でられて奥にある疼きに気づくような曲で、MVに登場する人の体型や人種がより多様になっていた。映画『ブエノスアイレス』のオマージュらしきショットもあった。批判を受けて何かを変えたのかはわからないけれど、好きだなと思った。

それで改めて「Rush」を見てみる。やっぱり圧倒されてしまう。圧倒されるのは、そこに強烈な美しさを感じるからだ。だけどそれは（無意識の）排他性に裏付けられた感覚なんじゃないかとも思う。美しいと感じたことを認めたくないような気持ちになる。でも、無視すればそれでいいとも思えない。隠すのが上手になるだけのような気がする。

それに、これは多様性をめぐる「本音と建前」のような、単純化できる話では決してない。クラブを含むゲイシーンに強いルッキズムがあることも、クィアスペースを多様な人が安心して過ごせる場にしようとすることも本当で、この二曲のMVはなんだかその両方を思い起こさせた。MVの表現をめぐる議論と現実の問題は、必ずしも一致しないにせよ。


クィアスペースと言うと、トロイのアルバムと同時期にリリースされたロミーの『Mid Air』を思い出す。ロンドンのバンドThe xxのヴォーカルであるロミー初のソロアルバムで、彼女がティーンだった頃に通ったクィアクラブがインスピレーションの源泉。アルバムはレズビアンカップルがテーブルの下で手を握り合う「Loveher」にはじまり、女性が女性と恋に落ちる瞬間を歌った「She's On My Mind」で終わる。クラブの親密さや祝祭感、今夜起こるできごとへの期待を描き、ロミーは自分自身であること、クィアであることを肯定する。

ライターの木津毅《つよし》さんが「ele-king」に寄稿した『Mid Air』のディスクレビューの中で、木津さん自身のゲイクラブでの体験を振り返っていた。それで、私もゲイクラブに行きはじめた頃のことを思い返す。「クラブの親密さや祝祭感」などとわかったように書いたけれど、正直あまり楽しかった記憶はない。最初の頃に知り合ったのが「たくさん飲んでなんぼ」「馬鹿騒ぎしたもん勝ち」みたいな価値観のグループだったので、馴染もうとしておかしなことになっていた。

当時よく連れていってもらったクラブはとにかく音が大きかった。それなのに、どんな曲がかかっていたかまったく覚えていない。記憶をたぐりよせた時に反応するのは耳でも腰でもなくて、喉だ。アルコールで焼けて、隣の人に一言伝えるためだけに声を張り上げなければいけなかった喉。

その人たちとはクラブでちょっと踊ってからゲイバーへ行くことが多かったけど、そこでも人をいじるような笑いが多かったように記憶している。本当はもっと落ち着いて話がしたかったけど、こういう遊び方しか知らなかった。これが楽しいのだと思っていた。あの頃は本当に失敗ばかりだった。「今夜起こるできごと」に期待しすぎて空回りしたこともあった。他の場所では満たされない何かを抱えてやってきては、がっかりして終電や始発で帰っていた。

クラブからバーまでの道、冷たい空気に頭が冴えて、友達の表情がよく見えた。通りを歩く人と視線が交差するのがわかった。あの数分間が一番良い時間だったと思う。

音楽や映画を通してクラブがクィアにとっての祝祭や解放の場として描かれるのを知っていたけど、現実はそうではなかった。ほかの街の遊び場よりは自由だったと思うけど、完全には馴染めなかった。どこか違う場所があるはずと思っていたけど、自分で新しい場所を探すのも得意ではなく、やがて苦手意識を募らせて足が遠のいていった。

でも、最近になって友達に誘われて足を運んだパーティには、居心地がいいと思えるものもあった。国際トランスジェンダー追悼の日の前夜、クィアとフェミニズムをメインテーマとする東京のDJパーティ「WAIFU」と、世の中の当たり前に〝違和感〟を問いかける雑誌『IWAKAN』が合同で開いたパーティがその一つだった。知り合いがたくさん集まっていた。この一年間に、これまでに亡くなったトランスジェンダーを追悼するセレモニーでもあるから、ただ「楽しい」とだけ言うのは違うと思う。それでも、悲しみを共有できる場所があるのは心強かったし、改めて自分のすべきことを考えもした。

二〇二四年一月に、恵比寿でロミーの来日ライブがあった。ライブ前のDJタイムを務めたのは、WAIFU主催メンバーのChloé Julietteと過去のWAIFU出演DJのSHIZKAだった。DJが「I love her, I love her……」と「Loveher」のフレーズをループさせると、ロミーがステージに現れてライブがはじまる。短かったけれど幸せな時間だった。途中、ロミーはフロアに降りてきて観客と一緒に踊ったりしていて、彼女がどんなふうにクラブを愛しているのか、この場を祝福しようとしているのかがなんとなくわかる気がした。これからはもっと色んなイベントに行ってみたいなと思った。

「Loveher」は、以前とんこつたろうさんが自身のラジオ番組『#ラジカル』でかけていた。とんこつさんは沖縄で映画をコンセプトにしたカフェをしながらラジオのパーソナリティをしている人で、私が番組にゲストで出た時の一曲目がこの曲だった。

とんこつさんが東京に遊びに来た時、吉祥寺で何人かでご飯を食べたことがあった。その中に、シンガーソングライターのbutajiさんがいた。

butajiさんには「中央線」という曲があって、歌い出しでは荻窪高円寺阿佐ヶ谷三鷹、とＪＲ中央線の駅名を羅列する。その歌を書いた人と、ＪＲ中央線の吉祥寺でお好み焼きを食べている。そんなこともある。butajiさんはいつも良い声で冗談をたくさん言う。「中央線」が収録されたアルバム『RIGHT TIME』は、年末になるといつも聴きたくなる。二〇二三年の年末も聞いた。「I'm here」という曲が好きだ。年の瀬の新宿が舞台で、私にはそんな思い出はないのに、自分の記憶のように景色が浮かぶ。歌われているのと似た感情を知っていて、自分の経験で隙間を埋めながら聴いているのだと思う。

二〇二三年の年末には、スフィアン・スティーヴンスのアルバム『Javelin』もよく聴いた。スフィアンは作品ごとに音楽スタイルを大きく変えるアーティストだけど、今作はシンガーソングライターのモードで制作したアルバム。ギターのアルペジオやピアノ、コーラスのきらきらした音が結晶のように降り注いだり舞い上がったりしていて、耳をすませては美しいなと思う。静謐な優しさに満ちている。

スフィアンは十月にこのアルバムをリリースした時、自分のインスタグラムに一枚の写真をポストした。[1] 目を閉じて笑顔でベッドに寝転ぶ男性を写したその画像のキャプションには、「このアルバムを四月に亡くなった、私の人生の光であり、最愛のパートナーであり、親友であるエヴァンス・リチャードソンに捧げる」と綴られていた。

このポストは、スフィアンのカミングアウトとして報じられた。調べると、ファンの間では作品に込められたメッセージを読み解く中で、時おり噂されることがあったようだ。人のセクシュアリティを詮索するのは控えるべきだし、作品は作品で、作者と安易に同一視すべきではない。でも、内省的な彼の音楽を熱心に聴いているクィアの誰かがそのシグナルめいたものを感じ取った時に、「もしかして自分と同じなんじゃないか」と密かに期待してしまうことを、完全に否定はできないとも思う。

私はスフィアンがクィアであるかどうかをあまり意識したことはなかった。でも、そういえば映画『君の名前で僕を呼んで』の美しい主題歌を歌っていたのは彼だったし、何年か前にも『Love Yourself』という楽曲のアートワークを、プライドフラッグの六色に彩っていた、と思い出す。

スフィアンが『Javelin』の中で「I Love You」や「Love Me」と歌うたびに、彼が経験している深い喪失感を思う。きらきらした音の結晶が、破片のように胸を刺す。

私がスフィアンの音楽と出会ったのは十代の時で、はじめて聴いたアルバムは『Seven Swans』か『illinois』のどちらかだった。実家を出た姉が置いていったCDの中に、その二枚があったのだ。『Javelin』の静けさは、どこか『Seven Swans』を思い出させた。

姉は私がゲイかもしれないことに家族の中で誰よりも早く気づいた人で、「もしそうだったとしても、大丈夫だよ」というメールを送ってくれたことがあった。先回りされたようで、ちょっとむずがゆかった。思い悩んだ末に、「俺じゃなくて、世界がおかしい」

と力ずくで思おうとしていた頃だった。メールを読んだ時、「何を当たり前のことを」と強がりながら、力が抜けた。間違っているかもしれないけど味方はいると思えた。

姉が置いていったCDの中には、エリオット・スミスの『XO』もあった。自分で手に取ったのか、スフィアンがよかったと話したらおすすめされたのか、もう忘れてしまった。だけど姉のCDの中で特に気に入ったのがこの一枚だったことは間違いない。歌と悲愴なコーラスだけで構成された最後の曲「I Didn't Understand」が好きだった。

国内盤のアルバムにはボーナストラックが収録されていた。「I Didn't Understand」が終わると、すぐにその曲「Miss Misery」が流れ出す。映画『グッド・ウィル・ハンティング／旅立ち』の主題歌。たしかこの曲をきっかけに、ガス・ヴァン・サントという映画監督を知ったのではなかったか。それでリヴァー・フェニックスとキアヌ・リーブス主演の『マイ・プライベート・アイダホ』や、ゲイとして初の公職に選ばれたハーヴェイ・ミルクの半生を描いた『ミルク』といったガス監督の映画を見たのだった気がする。

エリオット・スミスは、二〇一〇年代のR&Bやヒップホップシーンにおけるアイコン、フランク・オーシャンにも影響を与えている。彼の二〇一六年のアルバム『Blonde』に収録された「Seigfried」では、エリオット・スミスの曲の一節が引用されている。

フランク・オーシャンを聴くようになったきっかけもそういえばSNSだった。年上の知り合いが二〇一二年に「今年のベスト」として『Channel Orange』を挙げていたのだ。それで調べて、アルバムのリリース直前に初恋の相手が男性だったことを自身のTumblrで明かした、という記事を読んだ。ホモフォビックな空気が根強いヒップホップシーンでのカミングアウトはインパクトが大きく、その影響は音楽業界だけでなく社会全体にまで波及していくことになる。現在のアメリカではクィアのアーティストがたくさん活躍しているけれど、フランク・オーシャンからの影響を公言する人も多い。

二〇二三年にはコーチェラ・フェスティバルでヘッドライナーを務めた。フランク・オーシャンにとって七年ぶりとなるライブだったけれど、トラブルも多く、良いパフォーマンスとはいえないものだったようだ。しかも二週目のライブは足首の負傷によりキャンセルになった。次のアルバムが聴けるのはいつだろう。今も時々思い出したように『Blonde』や、その後にリリースされたシングルを聴くことがある。

カミングアウトのきっかけになった素朴なラブソング「Forrest Gump」を久しぶりに

聴いて、改めて二〇一二年のフランク・オーシャンのカミングアウトの記事を読む。たった十年ちょっと前のことなんだよな、と思う。社会はどんどん変わっていく。

アノーニ・アンド・ザ・ジョンソンズ『My Back Was a Bridge for You to Cross』、ジャネール・モネイ『The Age of Pleasure』、サム・スミス『Gloria』、ザ・ジャパニーズ・ハウス『In the End It Always Does』……二〇二三年にリリースされたクィアのアーティストのアルバムはまだまだある。自分よりも若い世代に関しては、たくさんありすぎてまったく追いきれていない。それだけクィアのアーティストがごく当たり前にいる状況は、少しうらやましい。でも、自分もこんなふうに色々な音楽を聴いてきた。勝手に自分を重ねもしたし、人種や信仰など自分が体験しえないテーマを歌う人がいれば、そこからアーティストの経験や、社会にある問題を学ぼうとしてきた。

「プライドの時期なんかに、Apple Music や Spotify で「Queer」「ＬＧＢＴＱ」と検索してみることがある。そうすると、クィアのアーティストの曲をまとめたプレイリストがたくさん見つかるのだ。しっかりキュレーションされたものも良いけれど、個人が作ったらしいものがヒットするのも面白い。アンセムみたいになっている曲が並んでいることもあれば、全然知らないアーティストの曲しかないこともある。どちらにしても、生きている／生きていた誰かがこれを作ったのだ、と想像する。東京の自宅のベッドルームで眺めながら、その一つを再生してみる。

参考

●木津毅「Romy – Mid Air」『ele-king』二〇二三年十月十七日(https://www.ele-king.net/review/album/009557/)

●「ミュージシャンのフランク・オーシャン、初恋の相手が男性だったことをカミングアウト」『g-lad xx』二〇一二年七月十日(https://gladxx.jp/news/2012/07/2479.html)

註

［1］スフィアン・スティーヴンス(@sufjan)によるインスタグラムへの二〇二三年十月七日の投稿(https://www.instagram.com/p/CyEELYnOOg0/)

いつかどこかで

「年を取ったらみんなで住みたいね」

　いつかどこかで、友人たちとそんな会話をしたことがあった。その場にはパートナーがいる人もいない人もいたけれど、それはあまり関係なかった。知り合いの知り合いをたどっていけば同性のカップルで子どもを育てている人もいただろうけど、友人にも私にもその予定はなさそうだった。体が弱って外出しづらくなったり、急な病気で倒れたりした時に、近くに友人がいたら助け合えていいよねという、そういう話だった。

　話をしたのは終電後の居酒屋だったと思う。あるいは、コロナ禍でのオンライン飲み会。あるいは、友人の家に泊まった時のソファ。あるいは、そのすべてだったかもしれない。一度だけではなく、何度か、いくつかのグループの友人たちと話した記憶がある。

　もう覚えていないから集合的なイメージかもしれないけれど、会話はいつも、深夜の間伸びした時間帯に交わされた。長い夜を共有することで膨らんだ親密さが、今日みたいに一緒に過ごす時間が続いたらいいという期待に変わって、その想像を口に出させたのかもしれなかった。

「同じ家に住むのはしんどいし揉めそう」

「マンションの隣とか一個下とか、すごい近くに住んでるとかが良さそう」

「そしたら曜日ごとにご飯作る人決めて、みんなで集まって食べられるじゃん」

一つの想像をみんなで広げていくのは、楽しかった。

同じような会話をしたり、考えてみたりしたことのあるクィアは、少なくないんじゃないかと思う。血のつながりにかかわらず自分で選んだ人を家族として愛するChosen Familyのような共同体のイメージが、このコミュニティにはすでにある。形式的な「家族」像をぶち壊したいという思いから、そのイメージを手繰《たぐ》り寄せた人もいただろう。

似たような話を、いつかどこかで、私や誰かが繰り返すのだろう。世界に居場所がないと感じる人がいる限り。

「年を取ったらみんなで住みたいね」

そう言い合った友人の中には、今ではあまり会わなくなってしまった人もいる。SNSのアカウントが消えて、どこで何をしているのか、生きているのかさえわからない人もいる。

でも、実現するかどうかは重要ではなかったと、今は思う。あれは、遠い将来の話をしていたのではなかった。未来を思い描けないと感じる時、居場所がないと感じる時、「こうすれば生きていけるよ」と、お互いの想像力を持ち寄って励まし合っていたのだ。そうして今、ここを、別の未来につなぎ直そうとしていた。

すぐに終わった、あるいはしばらく続いた空想の話の中で、私たちはあれこれとイメージを伝え合った。机上の空論すぎて笑ってしまうようなものもあったけれど、それでもよかった。

あるいは

最後のプログラムが終わっても、会場には人が留まり続けていた。「道をつくる」という東アジアのクィア・カルチャーを特集したイベントで、二〇二三年のテーマは「東アジアのクィアたち、つながるジェネレーションズ」。年配世代のクィアの体験にフォーカスした映画の上映やトークなどのプログラムが、二日間にわたって行われた。

私はイベントのレポートを書く仕事で参加していた。プログラムを通して、上の世代の人たちの具体的な人生にほんの少しだけ触れられた気がする。東アジアのクィアを取り巻く状況は、昔と比べると大きく変わった。数十年前はクローゼットで生きざるを得ない人がもっと多かったし、自分と似た誰かについて知るのも今ほど容易ではなかっただろう。だけど「今よりも抑圧が強く、情報が得にくかった時代」にも、様々な場所でクィアは生きていた。可視化していてもいなくても、サバイブするための手を打ち続けていたのだ。

一人ひとりの語りは、そのことを力強く伝えていた。

時代背景や社会構造というレンズを通すことで認識できる、マイノリティの置かれた状況がある。そうして構造的な差別を見つめ、問題を訴えていくことは絶対に必要だ。ただ、その側面ばかりを強調するのは、誰かを「不幸な存在」や「時代の犠牲者」という枠に押し込めることになるかもしれない。それは一種のステレオタイプだし、自分の人生をよりよくしようと進んできた人たちを元いた場所に押し戻してしまう。

私は差別の歴史も、一人ひとりの試みも、なかったことにしてほしくなかった。周縁に追いやられてきたこと、不可視化され排除されてきたこと。やられっぱなしではなかったこと、強《したた》かだったり逞《たくま》しかったりしたこと、そうできる力もあるのだということ。すべて覚えておきたいと思った。

レポートには参加者の感想を入れたくて、会場にいた人に話を聞いていた。何かを考えているような表情で立っていた人に、すみません、と声をかける。今日のイベント、どうでしたか。

いきなり声をかけてしまったので感想がまとまっていなかったかもしれないけど、その人は考えながら話してくれた。まず口にしたのは、さっき終わったばかりの「台湾同志ホットラインとおばあちゃんのガールフレンド」というトークプログラムについてだった。「台湾同志ホットライン協会」は、一九九八年に台湾でゲイの若者が自死したことをきっかけに設立されたＬＧＢＴＱ＋の支援組織。四半世紀の歴史を持つこの協会は電話相談のホットラインからはじまり、近年は台湾における同性婚の法整備にも携わった。協会では活動の一環として、中高年のゲイやレズビアンのオーラルヒストリーを収録した書籍を制作している。そのレズビアン編にあたる『おばあちゃんのガールフレンド』が、日本での刊行に向けて準備中だった。それで台湾同志ホットライン協会事務局長の杜思誠《トシセイ》さんと、『おばあちゃんのガールフレンド』プロジェクト発起人の同平安《トンピンアン》さんにオンラインでお話をうかがったのが、今回のプログラムだった。

プログラムの最後に杜さんが紹介した言葉がある。「わたしも老いる　あなたも老いる　関心を持つのは早いほうがいい」。台湾同志ホットラインのワーキンググループの一つである老同小組《ラオトンシャオツー》（ＬＧＢＴ熟年ワーキンググループ）のスローガンだけれど、その人は「これが（今年の『道をつくる』の）テーマなのかと思った」と言った。

たしかにこの二日間で、私も自分の将来＝老後を繰り返し想像した。自分にとってまだ生きていくことと老いていくことはあまり重ならないから実感は薄いのだけど、この先何十年かを無事に生きていくことができたなら、その時は必ず訪れるのだ。別のプログラムでは、香港でＬＧＢＴＱ＋のための老人ホームを求める動きがあった、という話もあった。クィアの老後はまだ圧倒的にロールモデルが少ないけれど、それはすでに生きている人たちの姿を手がかりにしながら考えていかなければいけないことだった。

それから、ちょっと話飛ぶかもしれないんですけど、と前置きして、その人が言った。

「私はryuchellのことをまだ考えるんです」

話が飛んだとは思わなかった。それがどのようにつながっているのか、即座に理解できた。

「すごい悲しくて、でも、どこで話していいかわかんないんですよ。本当にもうなんか、ずっと思い出すんですよ」

その人は、これまであまり誰かとこの話をしたことはなかったという。語るのをどこか躊躇してしまうし、言葉がまとまらない。だけどそれでも考えて、今日も誰かとこの話ができたらと思っていたのだと。その逡巡は自分も身に覚えがあるもので、わかるかもしれない、と思う。

「日本の制度とか状況が違っていればこうはならなかったかもしれない」

私がそう言うと、その人は強く頷いた。私は泣きそうになるのを堪えていて、その人の目は赤くなっていた。

このことは、結局レポートには書かなかった。でも、強烈に印象に残っている。


そのことを知った時、私は恋人と一緒にいた。恋人がいきなり取り乱した声を上げるので、何、どうしたの、と驚いて聞くと、「ryuchell亡くなったって」と言う。さあっと血の気が引いた。恋人も、まだ信じられないような表情をしていた。

ryuchellは少し前に妻のpecoと婚姻関係を解消し、「新しい形の家族」として関係を続けていくことを宣言していた。以前からファッションや発言を通して社会のありようや規範的な性を問い直すような存在で、雑誌やウェブにインタビューが載ると時々読んでいた。自分自身のアイデンティティをどう考えていたかはわからないけれど、最近はさらに新しいクィア・ジャーニーに踏み出したように見えて、ひそかに応援していた。

誤報だと思いたい気持ちと、いつでも起こり得たじゃないかという気持ちで混乱する。宣言以降、ryuchellには激しい誹謗中傷が寄せられるようになっていたからだ。私はそのことを知っていた。でも、強い人だからきっと大丈夫だろうと思っていた。「ひそかに応援」ってなんなんだよ、と思った。

SNSを開く。いつの頃からか、タイムラインにはフォローしている人の投稿もそうでない人のものも見境なく流れてくるようになった。どれだけ探しても悪い知らせを覆す情報はなく、悲しみや悔恨の言葉ばかりが流れていった。みんなが動揺しているようだった。一人の死に。自分自身の一部が失われたような痛みを感じてしまうことに。

ryuchellについて話そうとしては、自分の胸の中にあるものが言葉になってしまうことに、戸惑いを覚えている人もいるようだった。私もそうで、とても注意しないと死を急速に象徴化してしまいそうな、そして他者の不可侵の領域に踏み入ってしまうような気がしていた。亡くなった理由も、その時の感情も、本当には知り得ない。「こんなふうに悲しんでいいのだろうか」というためらいから、まとまらない言葉の周縁をぐるぐるとさまよい続けていた。

そんな中、自分や似た人に言い聞かせるように「死なないで」「生き延びて」とつぶやく人がいた。悲しみながら、悲しみにひきずりこまれないために声をかけあっていた。

友人のＴＡＮさんと燈里《あかり》さんが、ryuchellを偲ぶための会を週末に代々木公園で開くと知った。その日は午後に渋谷で映画を見る予定だったから、そのあとに行くことにした。

上映前に小さなひまわりを二輪買った。映画を見たあと、足元に置いておいた花束を拾い上げて外に出る。夕方になっても蒸し暑かった。

沖縄の人だからオリオンビールを買っていこうと思っていたのに、立ち寄ったコンビニにはどこも置いていなかった。回り道をして何軒かまわっても見つけられなくて、汗だくになって遅れただけになってしまった。

Google Mapsで共有された位置情報を頼りに歩いていくと、すでに十数人がビニールシートに座っていた。会はセーファースペースポリシーを設けつつ、「不安な気持ちを抱えた人は誰でも来ていい」というもので、ほとんどが知らない人だった。私は初対面の人と一度にたくさん会うのが得意ではない。それでも行ったのは、やっぱりどう過ごせばいいかわからなかったからだった。参加者が持ち寄った花々が集められたところにひまわりを供えて、シートの端に座る。

夏の夕方は長く、時間をかけて日が落ちていく。薄暮《はくぼ》に目が慣れてきた頃、遠くから歩いてくる二人組がいた。会に参加するために来た人たちだった。私の隣に一人だけ座れそうなスペースがあったので、みんなに少しずつ詰めてもらって、二人が輪に加わる。

簡単に自己紹介をして会のことを説明するうちに、自然と会話がはじまった。二人はこの春に大学進学のために東京に出てきたばかりだという。大学は都心から離れているので、渋谷や原宿を訪れることは滅多にない。今日はこの会のために来たのだと話していた。

そのうちの一人の塩崎くんは、ryuchell の YouTube チャンネルやインスタライブをよく見ていたという。それで、どういうところが好きだったかとか、どの配信が面白かったかとかを色々と教えてくれた。私が全然知らないことばかりだった。だから聞き続けた。具体的なエピソードを聞くごとに、ざわざわとした戸惑いが、静かな悼む気持ちへと変わっていった。そこに固有の、他の誰とも違うひとりの人の生があったことを、ちゃんと理解できたのだと思う。そしてそれがもうないことも、ようやく本当に腑に落ちた。

帰り道で、TANさんが ryuchell の「Link」という曲を教えてくれた。電車の中で聴いてみる。チープに作られたエイティーズっぽいトラックが好きだった。リンクは ryuchell の息子の名前でもある。

YouTube チャンネルにはたくさんの動画があった。そのうちのいくつかを再生する。

ナイトルーティーンやスキンケアについて楽しそうに話していた。沖縄方言（うちなーぐち）でゴーヤーチャンプルーやポーク玉子やちんすこうを作っていた。沖縄のギャル「ミーカー」を演じながら、うちなーぐちで爆しゃべりするコントみたいなことをしていた。ファンからの恋愛相談に真剣に、やさしく答えていた。

そうだったんだね、と思った。ただそう思った。

「こうはならなかったかもしれない」世界があるとしたら、それはどんなところだろう。どんな生き方も否定されないところ。こんな悲しみに動揺しなくていいところ。私たちの将来が簡単に思い描けるところ。We are here, We are queer. Get used to it.（私たちはここにいる、私たちはクィア、それに慣れることね）――クィア・アクティヴィズムの合言葉が現実になったところ。

「年を取ったらみんなで住みたいね」

二十一世紀のいつかどこかで、友人たちとのそんな会話。その場にはパートナーがいる人もいない人もいたけれど、それはあまり関係なかった。知り合いの知り合いをたどっていけば同性のカップルで子どもを育てている人もいただろうけど、ここにいる人には誰もその予定はなさそうだった。体が弱って外出しづらくなったり、急な病気で倒れたりした時に、近くに友人がいたら助け合えていいよねという、そういう話だった。

深夜の間伸びした時間帯だった。長い夜を共有することで膨らんだ親密さが、今日みたいに一緒に過ごす時間が続いたらいいという期待に変わって、その想像を口に出させた。

「同じ家に住むのはしんどいし揉めそう」

「マンションの隣とか一個下とか、すごい近くに住んでるとかが良さそう」

「そしたら曜日ごとにご飯作る人決めて、みんなで集まって食べられるじゃん」

「どうせなら今からやってみる？」

みんながそれぞれにスマホを開いて、ばらばらに調べていく。物件を探す人もいれば、興味がありそうな人にメッセージを送ってみる人もいた。

「あっ」

ひとりが声を上げる。その人がシェアしてくれたのは、実際に七十代や八十代のクィア六人で共同生活をしている人のSNSアカウントだった。見てみると、「腰が痛い」とか、「寝れない」とか、「あいつのみそ汁は濃すぎる」とか、「今の医者はちゃんとした知識があって良い」とか、「新しいマッチングアプリをはじめた」とか、日常のことがたくさん綴られていた。スクロールしていくと、リビングに全員が集まっている写真があった。白髪のクィアや腰の曲がったクィアが、ただ写っていた。

もう少し調べてみると、同じような共同体を築いている人はけっこういることがわかった。Chosen Family のような共同体のイメージが、私たちのコミュニティにはすでにある。形式的な「家族」像をぶち壊したいという思いから、実際に行動に移した人がたくさんいたようだ。机上の空論ではなかった。すべてが現実的な提案だった。

あるいは。

「年を取ったらみんなで住みたいね」

二十一世紀のいつかどこかで、友人たちとのそんな会話。その場にはパートナーがいる人もいない人も、複数人いる人もいたけれど、それはあまり関係なかった。同性のカップルで子育てをしている人もいたけれど、老後の親とどう関わるかは子どもが決めることだから、それもあまり関係なかった。

深夜の間伸びした時間帯だった。ごく自然に、「ありかも」とみんなが思った。「隣に住んでいたら嫌だ」とか、「LGBTばかりになると区が滅ぶ」とか言う人はもういなかった。どうでもいいから詳しくは知らないけど、そういう人ばかりがいる「区」とか「国」は滅んでしまったのだと何かで読んだような気がする。この場所では、クィアが普通に生きていた。クィアが社会に適応するんじゃなくて、社会がクィアに慣れていた。

今の生活でクィアであることで困難を感じることは特にないから、別にみんなで生活しなくてもいい。一人でも二人でも三人でも、好きなように暮らせる。でも、仲のいい友達が近くに住んでいたら最高だなと思った。ただ楽しそうだから、みんなでそれについていつまでも話してみるのだった。

あるいは。どんな可能性がある？

こうなってしまった「今、ここ」とは別の世界を、想像し続ける。

おわりに――無防備になる

何かを書いていて、「うまく書けた」と思えることがほとんどない。十分に表現できていないもどかしさや、重大な見落としがあるんじゃないかという不安がいつもある。いったん書き終えたあとも、頭のどこかで考えている。それで誰かと話したり何かを見たりしていると、突然「何が書けていないのか」が、わかりそうになる瞬間がやってくる。話したり見たりしているものは、原稿とは直接関係ない場合が多い。内容の関連性というよりも、別の誰かの考え方に触れて、自分が揺さぶられることが大きいのだと思う。

原稿を読み返すと、やっぱり大事なことが抜けていて愕然とする。この言い方は十分じゃないとか、ここに書いたことは以前あの人がめちゃくちゃ怒っていたことだとか、色々気づく。少しでも気になったところを、批判的に何度も読んでみる。その批判も「わかる」気がしてしまって、矛盾することでもなんとか全部入れて成立させられないかと考え出す。絞らないままの雑巾みたいだなと思う。右往左往しているうちに、文章が膨張していく。人からたまに「文章が行ったり来たりしている」と言われるのは、実際にぐねぐねと蛇行しながら書いているからなのだろう。

考え方は変化していくものだし、私自身その可能性に常に開かれていたい。だから文章を完成させて、本にして綴じるのは、取り返しのつかないことをしているようで怖くなる。

シスジェンダー男性のゲイである自分が、過去やここ数年のクィアコミュニティで体験したことを中心に書いた。

これは私という個人が書いたことに過ぎず、ゲイやクィアの総意などではない。同性婚にこんな複雑な気持ちを抱いている人ばかりではないし、東京とソウルのパレードで私とまったく違う経験をした人もいるだろう。私の好きじゃない渋谷が好きな人もいる。私にとっての「ゲイ」のように強くアイデンティティを持っているわけではなく、複数の間で流動的に揺れ動いていたり、意識が薄かったりする人もいる。クィアだと自覚したきっかけも、今どこでどんなふうに生きているかも一人ひとり異なる。私が触れなかったできごとに、深く傷ついていた人もいるだろう。

当たり前のことを言っているように聞こえるかもしれない。でも、マイノリティはとにかく誤解されたり、不十分な知識で「こういうもの」とまとめられたりするから、念のため。日常的にクィアと接点がない方々には、特に強調しておきたい。

今回、私は自分の性的な欲望についていくつかのエッセイで触れた。それはゲイが社会に包摂されていく過程で、「性的な存在であること」が漂白されているように感じていたからだった。ここには自分なりの問題意識があったけれど、結果的に性愛中心主義を強化してしまった側面があると思う。誰しも性的な欲望を持っているわけでも、それが満たされなくてはならないというわけでもないし、何が正しいというわけでもない。ただ、私にとって性的な欲望が切実なものとしてあったというだけだ。

個人的な実感を書こうとすれば、どうしても偏りが生まれる。中途半端なところとも向き合って、言葉にせざるを得なくなる。そのことに罪悪感があった。クィアたちが悪意や無意識の偏見に傷つき、疲れているのをたくさん見てきたから、自分の偏りがそれを繰り返すのではないかと思うと恐ろしくなった。

だけど執筆を進める中で、その恐れの正体が何であるかに気づいた。私が恐れていたのは、傷つけることよりも、傷つけることで自分が傷つくことだった。

そう自覚した時、「個人的であるしかないのだ」と思った。どんなに手を尽くしても、自分は誰かにとっての他者でしかない。混ざり合うように感じても、あなたはあなたでしかなく、私は私でしかない。だとしたら、なるべく力を抜いて、無防備でいようと思った。

ここは私的なことを語る場所。自分についてしか話せないし、誰かを代弁することはできない。力を抜くほど、無防備になるほど、「これは目の前で／私の中で起こったことだな」とただ思えるようになった。そうやって書くのは、重すぎも軽すぎもしないもの、例えば実の詰まったオレンジを手に持っている時と似た心地よさがあった。悲しみや怒りについて書いている時でさえそうだった。その心地よさを頼りにしながら、背負い切れるはずのない大きなものを諦め、勝手なことでもそれが感じたことなら書いた。

無防備になれたのは、私の力によってではなかった。それは、歴史と人々の声を信じることで可能になった。

世界でも日本でも、たくさんのクィアたちが自分の見たことや感じたことを、日常的に、あるいは表現としてかたちにしてきた。私の存在も、書くものも、その膨大な積み重ねを構成する一つでしかない。私の言葉はきっと誰かを傷つける。でも、その痛みを和らげる言葉もどこかに必ずあるし、これからも新しく作り出されていく。それなら偏りを注意深くみながら、無防備に思ったことを書くのが、一番未来を拡張していくと思った。

だけど現在、クィアがいつでも、どこでも、だれでも無防備でいられるわけではない。悪質なデマやヘイトに晒され続けているトランスジェンダーやノンバイナリーについて語ろうとする時には、どうしても対抗のための言葉を伝え続けることに労力が割かれてしまう。他者に対して性的にほとんど、あるいはまったく惹かれないアセクシュアルや、他者に対して恋愛感情をほとんど、あるいはまったく抱かないアロマンティックなど、まだ社会の中で認知度が低い属性では、基本的な説明を繰り返すことを求められる。

一人ひとりの生は、もっとずっと膨大で豊かだ。私は、その豊かさと誰もが普通に出会える世界を生きたい。そのために、できることをしていきたい。全員が無防備な言葉で、誰にも妨げられることなく、自分について語りだせるように。

＊

本書の制作には多くの方のお力をお借りしました。まず、編集を担当してくださった柏書房の天野潤平さん。〈「男性的」〉の初稿で、ガチガチに理論武装していた箇所をやわらかく指摘してくださったことが、無防備に書く重要性に気づくきっかけの一つになりました。クィアの本を多く手掛けている天野さんとエッセイ集を作ることができて良かったと心から思います。

装画を描いてくださった岡田喜之さん。上がってきた絵を見た時、「はじめに」のイメージそのままで驚きました。岡田さんのことを知ったのは七尾旅人『Stray Dogs』のアートワークでしたが、その時「こんな純粋な絵を描く人がいるんだ！」と衝撃を受けたことを覚えています。自分のエッセイ集の装画でそれと同じだけの衝撃を体験できたこと、とてもうれしかったです。

装丁の木庭貴信さんと岩元萌さん。「書店で本と目が合ってしまうようなものに」という抽象的すぎる私の提案を受け止めつつ、造本でも面白いアイデアをたくさんありがとうございました。

いつも私を支えてくれる恋人。〈空気と柔軟体操〉について話した時、「自分が仕事で理不尽な状況にあった時は、理《おさむ》もうちの会社に電話しようとしてたよね」と言われてはっとしました。原稿には入れられなかったので、ここでお焚き上げ……。私が忘れてしまう私を覚えている人がいること、とても心強いです。

友人や家族、私の主観で切り取った話を書くことを快諾してくれたり、原稿にアドバイスをくれたりした親しい方々。言葉や態度で伝えてもらった一つ一つに揺さぶられるたび、書きたいことが増えていきます。いつもありがとう。

最後に、ここまで付き合ってくださった読者の皆さん。はっきりしない私の文章は、何かの答えを探していた人にとっては期待はずれだったかもしれません。それでも、「わかる」と「わからない」を抱えながら読む時間が、無駄ではなかったらいいなと思います。生きていれば、いつかどこかでお会いすることもあるかもしれません。その時はあなたの個人的な話を聞かせてください。

小沼理

二〇二四年四月

小沼 理（おぬま・おさむ）

一九九二年、富山県出身、東京都在住のライター・編集者。著書に『1日が長いと感じられる日が、時々でもあるといい』（タバブックス）。本書がはじめてのエッセイ集となる。

共感《きょうかん》と距離感《きょりかん》の練習《れんしゅう》

二〇二四年六月一〇日 第一刷発行
二〇二四年一一月五日 第二刷発行

著者 小沼理
発行者 富澤凡子
発行所 柏書房株式会社
〒一一三-〇〇三三
東京都文京区本郷二-一五-一三
電話（〇三）三八三〇-一八九一［営業］
（〇三）三八三〇-一八九四［編集］

装画 岡田喜之
装丁 木庭貴信＋岩元萌（オクターヴ）
組版 株式会社キャップス
印刷・製本 中央精版印刷株式会社

ISBN 978-4-7601-5564-4